ZWEIFELLOS

TON MATTON

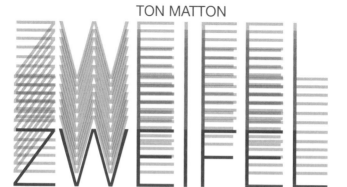

ZWEIFEL
LOS

AKTIVISTISCHE
STADTPLANUNG
IN 13 BRIEFEN

jovis

7
Zweifellos wertvolle Beiträge

8
ZWEIFELLOS

10
Antritt

Wendorf/Rotterdam, Freitag, 17. Mai 2013

20
Even Smarter Grid

Wismar, Mittwoch, 4. Mai 2011

23
Campagne Green 1–3

Wendorf/Rotterdam, Februar/März 2006 / Februar 2008

40
Plastik in der Wüste

Djenné, Freitag, 14. April 2006

47
Phoenix Village

Rotterdam, Mittwoch, 3. November 1999

53
BosBus

Wendorf, Donnerstag, 13. November 2003

61
eiPOD

Wendorf/Rotterdam, Dienstag, 12. September 2006

68
Wismar im Wald

Wismar, Mittwoch, 3. November 2010

73
~~Not~~ Welcome

Linz–Hamburg, Nachtzug, Mittwoch, 1. Juni 2016

107
Suburban Ark

Rotterdam/Wendorf, Dienstag, 8. Februar 2005

113
Naober

Wendorf/Rotterdam, Dienstag, 11. Mai 2004

121
Sagenumwobenes vom Land

Wendorf, Freitag, 20. September 2019

126
Austritt

Linz, Donnerstag, 1. Juli 2021

140
Danke

Zweifellos
wertvolle Beiträge

Seit Jahren beschäftigt sich Ton Matton erfolgreich mit den Themen Klimawandel, Globalisierung, Revitalisierung und Stadterneuerung. Nach seiner Publikation *Zweifel*, die seine Vorträge der vergangenen zehn Jahre zum Inhalt hatte, dürfen wir uns nun auf sein nächstes Werk freuen. Briefe an Politiker:innen, Kolleg:innen und Auftraggeber:innen widmen sich Fragestellungen, die besonders heute von Bedeutung sind. Diese nun vorliegende Sammlung von Ideen und Positionen ist auch für uns und unsere Lebensstadt von großer Bedeutung.

In diesem Sinne wünsche ich Universitätsprofessor Ton Matton und seinen Studierenden der Abteilung raum&designSTRATEGIES, die derzeit an der Revitalisierung und sozialen Wiederbelebung der Kleinstadt Tribsees in Mecklenburg-Vorpommern arbeiten, weiterhin viel Erfolg. Für die neue Publikation erhoffe ich, dass sie auf großes Interesse stoßen wird.

Klaus Luger
Bürgermeister der Landeshauptstadt Linz

ZWEIFEL-
LOS

Antritt

Sehr geehrter Herr Rektor der Universität Linz,

gerne möchte ich mich für die Professur raum&design-STRATEGIES bewerben.

Seitdem ich mein Diplom in Stadtplanung und Umwelt an der TU Delft (mit einer lobenden Erwähnung für mein forschendes Entwerfen und entwerfendes Forschen) gemacht hatte, realisiere ich als Indie-Stadtplaner viele Projekte im Bereich raum&designSTRATEGIES.[1] Dabei bewege ich mich in unterschiedlichen Disziplinen und nutze diejenigen, die jeweils am besten für eine Aufgabe geeignet sind.

Sie werden in all diesen Projekten ein Flair (oder sogar mehr) von idealistisch-utopistischem Design spüren. Der erste Schritt in meiner Trendy-Pragmatism-Strategie ist Zweifel. Zweifel an der gestellten Aufgabe. Das Ziel einer Universität ist es nicht, auf jede Frage sofort eine Antwort zu finden, sondern die Frage zunächst einmal genauer zu durchdenken und auf langfristige Sicht zu präzisieren.

Die ehemalige Architekturgruppe Schie 2.0, die ich 1991 gründete, gehörte zu den Ur-Ökos der niederländischen Szene. Mit dem forschungsorientierten Projekt „Autarkes Haus" haben wir eine technisch geprägte Utopie in einen Entwurf umgesetzt. Die Forderung nach umweltgerechtem Bauen führte in der niederländischen Baupraxis dazu, dass mehr Regeln das Standard-Bauprogramm noch komplexer werden ließen. Aber die eigentliche Frage sollte lauten: Wie kann nachhaltiges Bauen das Bauprogramm vereinfachen? Die aktuelle Finanzkrise zeigt diese Fehler bei den damaligen Bauaufgaben sehr deutlich auf.[2] Erst wenn die Fragen präzise formuliert sind, lassen sich raum&designSTRATEGIES sinnvoll gestalten. Dies fordert Reinterpretation, Improvisation und manchmal Partizipation. Und genau das, so meine Erfahrung, lässt sich sehr gut mit Studierenden realisieren.

Reinterpretation

2001 zog ich als Vorstadtflüchtling aus Rotterdam aufs Land in Mecklenburg-Vorpommern und gründete die Heterotopie-Werkstatt Wendorf. Hier, wo es einen Überschuss an Platz gibt, werden autarke Selbstversorgungstechniken weiter erforscht und entwickelt. Die Unterschiede zwischen Stadt und Land – viele Menschen, wenig Platz versus wenige Menschen, viel Platz – führten zu einer Reinterpretation von Nachhaltigkeit und der Entwicklung des Slow-Development-Plans, einer Art Freiland-Stadtplanung. Wie befreien wir Haus und Straße von der Zwangsjacke der stadtplanerischen Versorgung? Wir entledigen uns der Rohre und Kabel, die unsere Stadt bestimmen! Schon bei Schie 2.0 wurde Reinterpretation ein Thema der Entwurfsarbeit, wie Martin Luce schrieb:

> *Schie 2.0 was part of the Dutch design group of the nineties, which worked on amnesty themes for the built reality, experimentally, emphatically explaining planning and city-design projects. The most robust projects are those where Matton, by changing the point of view on a situation, also altered how you look towards this situation; de facto, you have to consider this as a design.[3]*

Improvisation

Im Zentrum der unkonventionellen Vortragsreihe im Gartenstudio K38, HfbK Hamburg, stand das gemeinsame Essen. Gäst:innen waren zugleich Gastgeber:innen. Ihre Aufgabe war es, durch ein gutes Essen ideale Voraussetzungen für ein Gespräch zu schaffen. Den Beamer tauschten die Teilnehmer:innen gegen E-Herd und Kochlöffel. Projektionsfläche war der Esstisch, auf dem das Werk nicht nur präsentiert, sondern an dem zugleich gegessen und anschließend bei Espresso und Wein verdaut wurde. Der Blick über die Schulter in den Kochtopf gab zugleich Einblick in die Arbeitsweise der Kochenden. Christopher Dell war ein Gast und bezeichnete diese Arbeitsweise als Improvisationsmodus 2. Ordnung:

Für uns ist der Forschungsraum kein Raum, in dem man bestimmt was schon da ist, sondern es ist ein Raum der durchdrungen ist von Möglichkeiten, ein Feld der zu antizipierenden Optionen. Bei einem normalen Vortrag ist der Raum ein objektives Raumgefüge, das nur dann durchbrochen wird, wenn ein Vortragender sein Skript vergessen hat oder die Beleuchtung am Pult nicht funktioniert und man den Text nicht lesen kann. Letztere Art diese komplexen Situationen zu lösen, könnte man als Improvisation 1. Ordnung *bezeichnen.* Improvisation 1. Ordnung *agiert allein als reaktives, reparierendes Mangel ausgleichendes Prinzip. Unser Anliegen hingegen ist es, mit unserer Vortragsweise auch die Produktionsweise unserer aktuellen urbanen Realität aufzuzeigen, uns selbst also als Raumproduzenten zu thematisieren.*
Wie geht das? Wir versuchen es mit der Improvisation 2. Ordnung: *Das Überführen erlernter Regeln und Praxen in ein antizipatorisches Konzept, das nicht auf Planung oder Rahmung verzichtet, sondern diese transversal zu überschreiten sucht. Und zwar als permanentes Experiment und andauernde Navigationsübung, die mal mehr und mal weniger krisenhaft ist.* Improvisation 2. Ordnung *ist Raumordnung als Kreation.*[4]

Im K38 wurden zum Beispiel der „Hühnerschrank" und das „Shiitake-Sink" entworfen und gebaut. Auch die Serie „Klimamaschinen" nahm dort ihren Anfang, später unter anderem ausgestellt im RIBA London, in der Aedes-Galerie, Berlin, auf der IBA Hamburg, im Museum Boijmans Van Beuningen, Rotterdam, und auf der Architekturbiennale in Venedig.

Partizipation

In São Paulo, wo arte/cidade den Stadtteil Brás zu reanimieren versuchten, ist der Kampf um (Lebens-)Raum ein großes Problem. An dem Ort, der dem Verkehr, dem Handel, der Entspannung, aber eben auch dem Wohnen dient, kommt es oft zu Konflikten. Eine Raumordnung, die sich nach der Zeit, nicht dem Platz richtet, war hier die richtige Strategie. Ähnlich wie in einer Turnhalle die aufgemalten Farblinien das Spiel bestimmen, wurden in diesem Projekt, „Praia dé Brás", Farblinien auf die Straße gemalt, um damit „das Spiel" zu bestimmen. Vor Ort fing ich an, die Straße zu bemalen und schon nach wenigen Minuten fingen die Straßenkinder an, mir zu helfen. Es entstand eine Art Straßenfest. Die Anwohner:innen übernahmen spontan die Arbeit. Die Spielfeldmarkierung, das Organisationssystem der Turnhalle, wurde auf die öffentliche Straße übertragen und, genau wie sich beim Basketball oder Volleyball niemand darüber streitet, welche Farblinien das Spiel bestimmen, war auch auf dieser Straße die Struktur sofort klar. Die

Kinder hatten damit ein Mittel zur Verfügung, mit dem sie sich gegen die parkenden Pkw wehren und den Raum zum Spielen einfordern konnten. Seitdem ist Partizipation ein wichtiges Thema in meinem Unterricht, wobei nicht so sehr das im Mittelpunkt steht, was man selbst, sondern eher das, was die lokale Bevölkerung bewegen möchte.[5]

Multidisziplinärer Unterricht

Es lässt sich an meinen verschiedenen Projekten ablesen, an der dreijährigen Summer School Lingezegen (ArtEZ University of the Arts, Arnhem), dem Gartenstudio K38 (HfbK Hamburg) oder dem „Tragischen Ballett" – eine Neufassung des Triadischen Balletts (während einer Summer School am Bauhaus Dessau): Ich halte es für gut und wichtig, Studierende mit verschiedensten Hintergründen zusammenzubringen. Interdisziplinäre Arbeiten der Studierenden im Bereich Urban Design, Architektur, Tanz, Grafikdesign, Mode, Film, Philosophie und Landschaft kamen zustande.

At the various design institutes where I taught my environmentally-tinged design classes, I discovered major differences in thinking between the various disciplines. At an abstract level, they are very useful in my approach to education: a planner thinks democratically and works from the concept of the average man, personally tinged principles are not appreciated. An urban planner thinks organizationally and in a very abstract manner, with little

imaginative thought for personal everyday life experiences.
An architect's works is based on his intellect. The concept
of a design is maintained up to its very completion, even if
the building does not match the original program anymore.
A designer on the other hand, works from his feelings and
emotions. A design is much more likely to end up in the
waste bin because it is not beautiful, or because it does not
match what the design should express. An artist ultimately,
works in a much more personal manner, more autobio-
graphical and therefore much more activistic – reacting
directly from the personal world of experiences. It is these
aspects that I try to bring together in my approach to tea-
ching. Focused on current events and responsive to local
issues, it is situated somewhere between „society-shape", eco-
logical urbanism and art activism. It leads to the premise
of my design education: „trendy pragmatism". [6]

Das energetische Niveau meiner Gastprofessorenzeiten gilt es, im Rahmen dieser Professur zu halten. Nötig
wären dafür eine kompromisslose Transdisziplinarität
und ein regelmäßiger, von gesellschaftlichen Entwicklungen angeregter Themensprung. Ich denke, dass ich durch
meine Unterrichtserfahrung an verschiedenen Universitä-
ten, Akademien und Hochschulen in Europa und meine
rege Zusammenarbeit mit Fachleuten unterschiedlichster
Disziplinen und vielen renommierten Kunstschaffenden
ein guter Kandidat für diese Professur bin. Meine päda-

gogische und didaktische Eignung gründet sich auf meinem rastlosen kulturellen Aktivismus, meiner permanenten Übertreibung, beirrenden Ironie und gelebten Intervention. Organisationskompetenz können Sie in all meinen Projekten zurückverfolgen, fast immer habe ich mit Profis und/oder Studierenden aus verschiedensten Disziplinen zusammengearbeitet, mit privaten und öffentlichen Auftraggebenden kooperiert – von Demonstrierenden bis zu Minister:innen, von Obdachlosen bis zur Königin –, fast immer sind die Projekte über Drittmittel mitfinanziert.

Vor einigen Jahren habe ich bereits einen Vortrag an der Kunstuniversität Linz gehalten. Die Kombination von spannenden Entwurfsaufgaben mit intellektuellen und handwerklichen Anforderungen in einer gemütlichen Arbeitsatmosphäre, in der Studierenden auch die sozialen Aspekte vom Leben vermittelt werden (zum Beispiel beim gemeinsamen Kochen und Essen), ist nicht an jeder Kunstschule selbstverständlich und mir deswegen in Erinnerung geblieben. Dies ist einer der Gründe, warum ich mich für diese Stelle bewerbe. Durch unerwartete Begegnungen und Ermöglichungsaktionen werden sich Studierende weniger als vermarktungsorientierte Einzelkämpfer:innen zeigen, sondern als kritische Gruppenspieler:innen auf der Suche nach einer „besseren" Welt.

Mit freundlichen Grüßen
Ton Matton

Anmerkungen

1

Dazu gehören zum Beispiel der „Hühnerschrank" (der für den Designprijs Rotterdam nominiert wurde), eine „Klimamaschine" (für die Architekturbiennale in Venedig), der Film *Surviving the Suburb*, ein Videoclip über den grünen Halsbandsittich (einer der Profitierenden des Klimawandels) und ein „Tomatenbingo" (als soziale Plastik in der Forschung zu alternativen Wirtschaftsmodellen).

2

Das Interieur des „Autarken Hauses" mit Freilandküche (Teil der niederländischen Droog-Design-Kollektion), Dschungeldusche und Komposttoilette (eine Gemeinschaftsarbeit mit der niederländischen Künstlergruppe Atelier van Lieshout) befreiten das Haus von städtischen Infrastrukturen (und damit von kapitalistischer Gefangenschaft) und machten es für den irrealen Idealfall frei platzierbar. Während meiner Lehrtätigkeit an der Design Academy Eindhoven und dem Projekt „Müll in der Wüste von Mali" weitete sich mein Interesse auf die Untersuchung moralischer Standards einer neoliberal geprägten Lebenswelt aus. Es folgte die Simulation eines Wirtschaftssystems per „Tomatenbingo" auf dem Afrikaandermarkt Rotterdam (mit der Künstlerin Jeanne van Heeswijk). Dieses Produkt entwickelte ich für OMA / Rem Koolhaas zu einer umfassenden „Broad Welfare Architecture" weiter. Im „Masterplan for Côte d'Azur" versucht sich diese Anordnung an der Reintegration einer moralischen Komponente in der Stadtplanung.

3

Martin Luce zit. n. http://urban-design-reader.de/university-of-the-neighbourhoods/hotel/international-workshops/leaving-the-comfort-zone-with-ton-matton#fn-1 (letzter Zugriff: 2. Februar 2020)

4

Christopher Dell zit. n. Ton Matton, Christopher Dell, *Improvisations on Urbanity. Trendy Pragmatism in a Climate of Change*, Rotterdam 2010, S. 3

5

In der Großen Potemkinschen Straße in der mecklenburgischen Kleinstadt Wittenburg kommt vieles zusammen. Mithilfe von u. a. Sofie Wagner (Architektin), Michael Kockot (Filmemacher), Bernadette La Hengst (Musikerin), Jacob van Rijs (Architekt MVRDV), Lukas Push (Künstler), Björn Ortfeld (Designer) und Student:innen der Hochschule Wismar wurde die soziale Wiederbelebung der Großen Straße durchgeführt. In einem partizipativen Prozess mit der Bevölkerung wurde eine Prä-Gentrifizierung angekurbelt. Auf theatrale Weise wurden vierzehn marode Häuser mit einer neuen Geschichte, quasi einer *neuen* Potemkinschen Fassade versehen. Zweiundfünfzig Damen strickten eine Fassade, auf einem Parkhaus wurde ein Baum gepflanzt und es gründete sich ein „Beschwerde-Chor", der seine Lieder durch die „Beschwerden-Tröte" sang. Die Geschichten der leeren Häuser haben sich seitdem zum Positiven verändert und so wurden bereits sieben Häuser von neuen Eigentümer:innen erworben und renoviert.

6

Ton Matton zit. n. Ton Matton, Harmen Van de Wal, *Lingezegen Park Summer School. Improvisation as a Teaching Model. Tools for Identity: Improvisation as Teaching Model, Tools for Identity*, Rotterdam 2011, S. 42

Even Smarter Grid

Sehr geehrte Frau Bundeskanzlerin M.,

gerne möchten wir, die Student:innen der Klasse von Professor Matton von der Hochschule Wismar, uns bei Ihnen für die Gelegenheit bedanken, in Deutschland studieren zu dürfen. Besonders bedanken wir uns für Ihre Entscheidung zur Energiewende und den Ausstieg aus der Kernkraft – eine sehr anregende Idee, welche wir unbedingt den Regierungen unserer Herkunftsländer ans Herz legen wollen (wir schicken also eine Kopie dieses Schreibens an die Regierungen der Niederlande, von Taiwan, China, Australien, Tschechien, Polen und Litauen).

Eine Lektion, die wir von der Nuklearkatastrophe von Fukushima gelernt haben, ist, dass wir unseren Ingenieur:innen nicht blind vertrauen können. Wir zukünftige Ingenieur:innen möchten dieses schlechte Image nicht erben. Technologie soll nicht nur der Wirtschaft dienen, sondern den Menschen. Also haben wir gemeinsam mit unserem

Professor gebrainstormt und einige bereits existierende Ideen miteinander verknüpft.

Ersetzen Sie die Kernkraftwerke durch Solar-, Wind-, Hydro- und Gezeitenkraftwerke und verknüpfen Sie diese untereinander in einem weltweiten intelligenten Stromnetz, einem Smart Grid! Diese Idee ist nicht neu, es gibt allerdings bei den bisherigen Vorschlägen einen großen Haken – wir möchten sagen: Fehler. Das Smart Grid dient der Wirtschaft und nicht direkt den Menschen. So besteht die große Gefahr von riesigen Pumpstationen zum Beispiel darin, dass sie durch die großen Energiegesellschaften betrieben werden. Deren Ziele kennen wir: Energie erzeugen, Gewinn maximieren und Risiken auf die Gesellschaft abwälzen. Deshalb plädieren wir für ein weltweites „Even Smarter Grid". Wir können die Vernetzung und Versorgung noch raffinierter und unabhängig vom globalen kapitalistischen System gestalten.

Speichern ist das A und O der Energiewende. Batterien und Akkus sind die große Herausforderung. Lassen Sie uns also auf die weltweit verbreiteten Batterien zurückgreifen! Wir schlagen vor, in jedem Haus eine Zentralbatterie anzubringen. Dieser Akku wird mit dem Zwölf-Volt-Netz des Hauses verbunden, das das elektrische Zweihundertzwanzig-Volt-System in unseren Häusern ersetzt. Fast jede Maschine und jedes Gerät in unserem Haus wandelt Elektrizität schon in zwölf Volt um: Radio, Fernseher, Kühlschrank, Computer, MP3-Player und dergleichen haben alle ihren eigenen Transformator. Das Netz können wir dann ebenfalls mit den Batterieladegeräten der Handys, Zahnbürsten, Wii-Konsolen, Fernbedienungen und so weiter verknüpfen. Auch die elektrischen Autos der Zukunft sind ein Teil in diesem Speichersystem. Dadurch entsteht eine unfassbar große Menge an Batterien, die alle mit dem Welt-Energie-Netz verbunden sind. Zusammen bilden sie einen riesigen grünen Energiespeicher.

Ein intelligentes Energienetz, wie es bereits entwickelt wird, weiß genau, wann welche Batterie geladen werden soll. Das Netz „weiß", ob die Kapazität dafür vorhanden ist, ob die Energie preiswert oder teuer ist. Wenn zu viel Strom produziert wird und das Elektronetz droht zu kollabieren, wird Strom umsonst angeboten. Sofort blinkt das Telefon und Millionen von Menschen stecken ihre Ladegeräte ein. Wenn das Energieangebot knapp wird, entsteht ein höherer Preis, der über das „Even Smarter Grid" kommuniziert wird. Der große Vorteil dieses Systems: Fast alle Personen verwenden Batterien, die „Reichen" wie auch die „Armen". Indem wir ein dezentralisiertes System der Energielagerung erstellen, können alle daran teilhaben – auch jene, die der informellen Wirtschaft angehören, können sich mit ihrem Telefonakku mit dem Netz verknüpfen.

Mit freundlichen Grüßen
Die Studierenden der Klasse Tafel 1410 von
Prof. Ton Matton

———

Campagne Green 1–3

Wendorf/Rotterdam, Februar/März 2006 / Februar 2008

Campagne Green 1/3

Wendorf, Dienstag, 21. Februar 2006

Sehr geehrter Herr Rijksbouwmeester, lieber D.,

die Liberalisierung des Energiemarktes ermöglicht es mir, meinen Strom dort zu kaufen, wo ich es will. Deswegen habe ich seit Januar grünen Strom. Der freie Energiehandel ist vordergründig eine administrative Handlung. Wann und welche Art von Strom durch unsere Leitungen fließt, weiß niemand, deswegen ist es nicht unvorstellbar, dass der physische Strom, der meinen Computer am Laufen hält – trotz meines grünen Stromvertrags – in einem Kernkraftwerk erzeugt wurde. Gleichermaßen könnte der Strom, den ich für meine Beamer-Präsentation auf dem Kongress verbrauche, auf dem ich meine „Campagne Green", eine Sozialplastik von MattonOffice, präsentieren werde, aus einer Windmühle kommt. Und das, obwohl das Kongress-zentrum keinen Vertrag mit einem grünen Stromanbieter hat. In der Werkstatt Wendorf habe ich deswegen meinen eigenen Strombedarf administrativ abgedeckt. Die gleiche Menge Strom, die ich im Jahr verbrauche, wird anderswo von einer Windturbine ins Netz gespeist.

Ich habe fünftausend Kilowatt in Deutschland gekauft; nicht etwa bei einem Scheinanbieter, der grünen Wasser-werkstrom in Österreich kauft, damit die Österreicher:in-nen dann ihren Strom aus einem unsicheren Kernreaktor aus Tschechien beziehen müssen; sondern bei einem Anbie-ter, der in neue Windparks in Deutschland investiert. Diese fünftausend Kilowatt setzte ich, als lokalen Akt, während der „Campagne Green" ein.

Aus einer ontologischen Vielfältigkeit heraus bin ich nicht nur ein Designer, den man um Rat bittet, sondern habe auch als Bürger meine Verantwortung und als Konsument meine Macht. Ich bin überzeugt davon, dass eine „saubere" Energieproduktion für die Zukunft dieser Welt sehr wich-tig ist. Die Entwicklungen auf dem Weltmarkt der Ener-gieprodukte sind beunruhigend. Der niederländische Staat zieht sich nicht nur zurück, er liefert sich selbst den Kräften des Marktspiels aus. Eine überzeugende Einsicht der Kon-sequenzen, die darauf folgen, fehlt in der Politik, genauso wie die Beherrschung der Regeln des Marktspiels. Auf der globalen Skala spielen die Niederlande keine nennenswerte Rolle; sobald China mehr für Strom bezahlte, würde theoretisch die Energielieferung an die Niederlande eingestellt werden können. P. zeigt mit dem Zudrehen des russischen Gashahns aktuell seine Macht. Der darauffolgende Aufruf zur Kernenergie von Staatssekretär V. G. und Minister B. verdeutlicht die Sorge, die dieses Muskelspielenlassen dem Staat macht. Und das gilt nicht nur für die Regierung. Der (fiktive) Briefwechsel von 2014 mit meinem Freund T. aus Kamerun illustriert diese Angst.

Lieber T.,

es gibt noch immer keinen Strom, anscheinend soll es erst morgen zwischen elf und drei Uhr wieder welchen geben. Drei Kraftwerke sind an China verkauft und außer Betrieb genommen worden. Dadurch ist das komplette Stromnetz zusammengebrochen. Langsam wird es wieder in Gang gesetzt, übers Land verteilt in bestimmten Zeitabständen. Genauso, wie es war, als ich dich damals in Kamerun besucht habe. Dort war die Stromversorgung auch nicht durchgängig gewährleistet. Ich weiß noch, wie ich mich darüber wunderte, dass all deine elektronischen Geräte nicht richtig eingestellt waren. Video, Stereo, Mikrowelle – alle blinkten zum Zeichen, dass Zeit und Datum nicht eingegeben worden waren. „Das bringt nichts", meintest du, als ich an den Knöpfen herumdrehte, „Donnerstagabend ist der Strom wieder weg". Jeden Donnerstagabend war Stromausfall … Standard.

Ich versuchte mich damals daran zu erinnern, wann bei mir das letzte Mal der Strom ausgefallen war. Das war bestimmt ein paar Jahre her. Wir bekamen damals Formulare von der Versicherung. Wenn wir die ausfüllten, bekamen wir Geld als Schadensersatz für tiefgefrorene Fleischprodukte, die in der Gefriertruhe aufgetaut waren, und so.

Die Privatisierung eines Energiemarktes ist schwierig. Eine auf Nachhaltigkeit ausgerichtete Richtlinie verfehlt Unternehmensinteressen. Eine weitgreifend gesellschaftliche Einsicht ist gefragt. Die gesellschaftlichen Folgen der Verbrennung von fossilen Brennstoffen, der Abgrabung von Landschaften oder der Lagerung von Atommüll sind dermaßen komplex, dass sie nicht auf das Existieren von Unternehmen abgeschoben werden können.

Lieber T.,

habe ich dir mal erzählt, dass wir im Büro eine Zeit lang stromfreie Tage eingeführt hatten? Jeden ersten Mittwoch im Monat haben wir den Strom abgeschaltet. Das heißt: kein Computer, kein Telefon, kein Licht. Kaffee machten wir mit einem Percolator auf dem Gasherd. Am Anfang haben wir in dieser Zeit vor allem Kaffee getrunken – und längst überfälligen Papierkram abgearbeitet. Aber als ich anfing, mich auf diese Zeit explizit vorzubereiten, brachte sie mir einiges an Mehrwert. Die Komposttoilette habe ich in dieser Zeit zum Beispiel gestaltet und auf alt-modische Art ein Modell gebaut, anstatt endlose Projekt-vorstellungen auf dem Computer zu tippen. Ein kleines Modell von einer Toilette, wie sie zum Beispiel von AVL gebaut werden könnte – geschaffen mit Pappe, Farbe und Messer. Wir haben es J. gezeigt. Drei Monate später war die Toilette in Produktion und ein viel ausgestelltes Kunst-werk von Atelier Van Lieshout.

Atomenergie erscheint nachhaltig, wenn man die Definition von Nachhaltigkeit auf den Kohlendioxidausstoß reduziert. Aber kein Mensch kann Atomenergie mit den heutigen Techniken der Mülllagerung in Übereinstimmung mit der Zukunft unserer Enkelkinder bringen. Niemand kann in Anbetracht der heutigen Terrorgefahr garantieren, dass Atomenergie sicher ist. Außerdem könnte auch niemand Atomenergie bezahlen, wenn die realen Kosten für Müllentsorgung, Transport und Katastrophenschutz mit eingerechnet wären. Hinzu kommt, dass das Uranvorkommen in hundert Jahren bereits aufgebraucht sein würde, wenn die ganze Welt auf Atomstrom umsteigen sollte – wie es der Fall zu sein scheint. Eine Rechnung, die mit einem Nachhaltigkeitsgedanken nicht in Einklang zu bringen ist. Kurz gesagt: Ich bin für Windenergie, für Wasserenergie und für Solarenergie. Das sind die nachhaltigen Quellen für eine Zukunft, in die ich als Vater meine Kinder schicken möchte.

Lieber T.,

ich wollte Teletext schauen, aber das funktioniert natürlich nicht. Die Zeitung wurde heute Morgen auch nicht geliefert. Ich habe noch mit meiner Mutter aus Vianen telefoniert, sie sitzt im Dunkeln. Sie hat mich angerufen. Das alte Gerät oben auf dem Dachboden hatte geklingelt, so ein ganz altes mit Drehscheibe, das auch noch ohne Strom funktioniert! (Heutzutage sagt man zwar, Telefone seien drahtlos, aber anstelle des Kabels zum Telefonhörer, gibt es eins zur Steckdose.)

Ich fand den Campingkocher hinten im Schrank. Als ich nach draußen ging, wofür ich mich wie ein Limbotänzer unter einem Fahrradlenker durchschlängeln musste, stieß ich mich an den Rädern von P.s Kinderfahrrad. Ich griff mir an den Knöchel und sah hinter der blauen Strandmuschel meine Werkzeugkiste zum Löten. Darin lag noch eine extra Gasflasche und dazu mein Aufziehradio mit Stromkurbel. Du weißt schon, du warst dabei, als ich es damals in Durban für unsere Workshoppräsentation gekauft habe. Wenn man die Kurbel dreht, erzeugt das Strom und man kann ohne Batterie Radio hören. Geniale Erfindung. Jetzt, wo ich so ohne Strom dasitze, gehöre ich zur Zielgruppe, für die dieses Radio gemacht wurde:

———

Bewohner:innen von ländlichen Regionen und Slums (immerhin der größte Teil der Weltbevölkerung). Mit dem Unterschied, dass ich es bezahlen kann. Denn obwohl in der Herstellung relativ günstig, konnte man das Radio nur für viel Geld in Tourishops kaufen.

Ich habe es also angekurbelt und Nachrichten gehört. Anscheinend ist der ganze südliche Teil der Stadt ohne Strom. Der wurde an China verkauft. Dort sind die Strompreise viel höher. Die Energieunternehmen, die hier vor ein paar Jahren privatisiert wurden, haben einfach eine ganze Zentrale nach China verkauft! Sie wurde abgerissen, in Container geladen und nach Shanghai verschifft. Das scheint billiger zu sein, als sie ganz neu zu bauen, weil die Rohstoffe zu teuer sind. Die Regierung verhandelt unterdessen mit Norwegen, aber die produzieren nicht so viel, als dass sie auch uns mit Strom versorgen könnten. Es wird vor immensen Preisanstiegen gewarnt. Es sieht ganz danach aus, als seien wir fürs Erste auf uns selbst angewiesen …

Wendorf/Rotterdam, Freitag, 24. März 2006

Sehr geehrter Herr Rijksbouwmeester, lieber D.,

dem anonymen administrativen Stromversorgungsprozess wird in der „Campagne Green" eine Identität verliehen. Elektrizität wird zum Produkt, sichtbar gemacht durch die Steckdose; die „Steckdose Green". In dieser grünen Steckdose sind hundert Watt grüner Strom gespeichert. Genug, um das anstehende Finale der Fußball-WM mit grünem Strom anzuschauen … inklusive Nachbesprechung.[1] Grüner Strom, also auch Windenergie, wird mittels Steckdosen verteilt, er wird zum Konsumprodukt. Die „Steckdose Green" steht für eine gewisse Lebenseinstellung. Mehr noch: Sie ist ein Produkt, das in den heutigen Identitätskonsum passt, in dem jede Person ihre Gadgets selbst gestalten kann. Grüner Strom hat das Potenzial, Identitätsträger zu werden. Die „Campagne Green" löst grünen Strom aus dessem gebräuchlichem „Öko-Umfeld". Sie sucht den Anschluss an den heutigen Konsumismus. Die sie bewerbende Reklame appelliert an die Macht der Konsument:innen, eine Macht, die mittlerweile größer ist als die der Wähler:innen. Die „Campagne Green" tritt an die Elektrogeräteherstellenden mit der Bitte heran, ein grünes Label an ihr Produkt zu heften. Dieses neue Label wird der bereits existierenden Marke beigefügt und kommt neben den regulären Produkten auf den Markt. Diese Marktstrategie promotet das Ziel von Windturbinen: das Liefern grüner Elektrizität.

Eine kleine Rechenaufgabe lehrt uns, dass das Aufladen eines Mobiltelefons fast keine Energie kostet. Das Aufladen benötigt eine Elektrizität von etwa fünfundvierzig Watt. Die Mehrkosten von grünem Strom betragen etwa fünf Cent pro Kilowattstunde. Bei durchschnittlichem Gebrauch wird ein Handy drei- bis viermal in der Woche aufgeladen, über zwei Jahre hinweg. Danach bekommen Kund:innen bei Verlängerung des Vertrags ein neues Gerät. Dreieinhalb Stunden aufladen mal zweiundfünfzig Wochen mal zwei Jahre ergibt eins Komma sechs vier Kilowattstunden. Der Mehrpreis für ein Handy, das mit grünem Strom betrieben wird, beträgt also acht Cent. Ähnliche Berechnungen gelten für MP3-Player, Laptops und so weiter. Immer mit den gleichen geringen Mehrkosten.

Wendorf, Freitag, 8. Februar 2008

Sehr geehrter Herr Rijksbouwmeester, lieber D.,

die Debatte über Windräder hat tiefe Schützengräben gebildet, in denen Für- und Widersacher:innen sich schon jahrzehntelang mit denselben Argumenten befeuern.
„Horizontverschmutzung! Tote Vögel! Lärmbelästigung!", rufen die Gegner:innen. „Sauber! Nachhaltig! Arbeitsplätze!", rufen die Befürworter:innen. In der heutigen Politik hat das dazu geführt, dass die Regulierung vor allem auf Hindernisse stößt. Wie bei einer Arterienverkalkung strömt die niederländische Karte voll mit Abstandskreisen und Zonierungen, in denen keine Windmühlen gebaut werden dürfen. Jeder ernstzunehmende große Windpark wird dadurch von vornherein unmöglich. Trotzdem lässt sich immer irgendwo eine in Vergessenheit geratene Ecke finden, in die noch eine Turbine passt, durch die zufällig ein Bächlein fließt oder ein Weg führt, sodass das Erbauen eines Windrads mit großflächigen infrastrukturellen Bauarbeiten einhergeht.
Die riesigen Turbinen fallen optisch so stark ins Gewicht, dass ihr Ausbau schnell den Eindruck erweckt: Sie sind überall. In Norddeutschland hat das zu starkem gesellschaftlichem Widerstand geführt. Bewohner:innen fühlen

sich von den Turbinen umzingelt. Die neuesten Turbinen mit den Abmessungen des Euromasts verstärken dieses Gefühl. Sie sind schon von Weitem sichtbar (abhängig vom Wetter bereits aus einer Entfernung von fünfzehn bis dreißig Kilometern).

Ein Euromast ist dazu gebaut, sich über die Landschaft zu erheben, die Landschaft als Wahrzeichen zu akzentuieren. Privatinitiativen, die Euromasten auf dem Land bauen, sind landschaftlich nicht wünschenswert. Das führt zu einer Anhäufung von Akzentuierungen, zu visueller Gewalt. Dies ist kein Plädoyer für ein allgemeines Verbot von großen Windturbinen, sondern eher dafür, Turbinen dieses Formats aus kommunalen Gebieten auszuschließen. Für Ihren Wunsch, Herr Rijksbouwmeester, eintausendfünfhundert Turbinen in den Niederlanden aufzustellen, habe ich drei Szenarien ausgearbeitet:

1. Windwildwuchs: Im ganzen Land gibt es einen Wildwuchs von Turbinen. Eine bunte Mischung verschiedenster Windradformen ist zu erwarten, wenn alle Bürger:innen ihr Energiekontingent in grüne Energie umwandeln.

2. Turbinenreservat: Im Windreservat ist Platz für sechshundert Turbinen, über Flevoland verteilt in einer durchschnittlichen Dichte von einer Turbine pro Quadratkilometer.

3. Windzentrale: Eine große Windzentrale mit zwei Standorten im Meer bietet immerhin Platz für tausend Turbinen;

sechshundert stehen in einem engen Raster an der Küste von Zeeland (zwanzig mal dreißig Kilometer), vierhundert an der Küste Nordhollands (zwanzig mal zwanzig Kilometer).

1. Windwildwuchs, Privatinitiative

Produktion und Abnahme sind direkt an den Standort gekoppelt und erhalten daher breite Anerkennung in der Bevölkerung. Diese Anerkennung basiert auf dem genutzten Charme kleinbäuerlicher Betriebe. Die erste Generation kleiner Turbinen aus den Achtzigerjahren, zum Beispiel zu sehen in Friesland, ist in der Nähe von Bauernhöfen platziert. Kombiniert mit ein paar Bäumen und Sträuchern ergeben sie ein stimmiges Ensemble. Mittlerweile wird ein solches Ensemble als pittoresk wahrgenommen. Damals wurden auch diese kleinen Turbinen zunächst als gigantisch empfunden. Der Begriff Horizontverschmutzung stammt aus dieser Zeit! Eine Privatinitiative muss sich nicht auf Bauersleute oder die dörfliche Region beschränken. Im Prinzip können alle Einwohner:innen der Niederlande ihre eigene grüne Energie erzeugen.

Die Entwicklung kleiner Turbinen, sogenannter Turbies, ermöglicht das individuelle Erzeugen von Strom pro Wohnung. Der durchschnittliche Verbrauch eines Haushalts, ungefähr dreitausendfünfhundert Kilowattstunden pro Jahr, darf mit Wind- oder anderer grüner Energie auf Wohnungsniveau abgedeckt werden. Das soll nicht bedeuten, dass die Wohnungen vom Stromnetz abgekoppelt werden sondern dass der produzierte Strom die Zähler zurückdrehen lässt. Bis maximal Null. Eine Überproduktion kann mit den Nachbar:innen geteilt werden, die Voraussetzung ist eine lokale Kopplung zwischen Produktion und Verbrauch. Die Spitzenlast solch kleiner Turbinen ist durch die breite Verteilung auf dem Land minimal. Eine Entwicklung der verschiedenen Typen für verschiedene Standorte wird die Folge sein: ein Turbie für die Innenstadt, eins für den Plattenbau, eins für die Vorstadtwohnung … Energiesparen braucht es nicht mehr, saubere Energie aus dem eigenen Turbie darf man verschwenden!

Die alte Dachlandschaft mit Antennenwald kehrt in einer modernen Variante zurück. Neben Satellitenschüsseln und Solarzellen entsteht ein Gewirr von Turbies, Windwokkel, Windbollen, Windwurme. Natürlich geht damit die nötige Regulierung einher, die das Recht auf Wind und die Abnahme von Wind durch die Nachbarschaft auf den Weg bringt.

2. Turbinenreservat

Das Turbinenreservat ist der Standort in den Niederlanden, an dem Privatmenschen und Projektentwickler:innen an Windenergie partizipieren können. Die vielfältigen Initiativen von kleinen Vereinen, Entwickler:innen und Landwirt:innen werden in diesem Reservat nebeneinander untergebracht.

Kleine Turbinen auf dem eigenen Hof verhelfen zwar zu einem bäuerlichen Lebensgefühl, mit dem man Selbstversorgung assoziiert, dieses Prinzip hat aber in unserer rationalisierten Gesellschaft keinen Platz. Schon in der europäischen Landbauregulierung, die im letzten Jahrhundert unter der Leitung Sicco Mansholts ausgearbeitet wurde, gab es keinen Platz für kleine Landwirtschaftbetreibende. So schreibt Frank Westerman in *Das Getreideparadies*:

> *Was einen Peasant von einem Bauern unterschied, war die Tatsache, dass er seine Ernte selbst aufaß, also von den Erträgen des Bodens lebte und in erster Linie Selbstversorger war. Da er nur den Überschuss zum Markt trug, stand der Peasant lediglich mit einem Bein im Geldkreislauf. Diese halb zurückgezogene Existenz am Rand der Geschichte machte zugleich ihren Charme und ihre Unvollkommenheit aus. [...] [B]äuerliche Tradition und bäuerliches Lebensgefühl [sollten] der Modernität und Rationalität Platz machen [...]. Nur mit weniger Bauern auf größeren, mechanisierten Höfen würde sich die Produktion hochschrauben lassen, so dass der ländliche Raum einen würdigen Beitrag zur gesellschaftlichen Entwicklung liefern konnte. Mansholt strebte maximales Produktionswachstum an: der Altar, auf dem er die Natur und die Romantik der bäuerlichen Existenz opferte.[2]*

Auf der Flevopolder ist jede Aufstellungsform der Turbinen zugelassen: in Linie, in Clustern oder solitär; natürlich unter der Bedingung, dass der Wind der benachbarten Mühlen nicht abgefangen wird. Nicht umsonst hat sich an diesem Ort in den letzten Jahren die höchste Turbinendichte gebildet. Die Begeisterung unter den Bürger:innen ist groß, und landschaftlich betrachtet ist dort eine faszinierende Turbinenlandschaft entstanden – eine Ansammlung von kleinen Clustern und Anreihungen, die dank oder eher trotz aller Regeln ein schönes Bild abgeben. Die hohe Dichte der Windturbinen überzeugt, diesen Weg weiterzuverfolgen und Flevoland zu einer Versammlungszentrale zu machen, die international anregend ist.

Die räumliche Begrenzung des Reservats sorgt dafür, dass die Turbinen an einer Grenze verlaufen. Eines Tages wird innerhalb dieser Grenzen kein Platz mehr sein. Die aktuelle Entwicklung, in der Turbinen immer höher werden und mehr Kapazität haben, wird dann eine neue Richtung einschlagen. Sie könnten dann noch höher oder eben gerade niedriger gebaut werden und dadurch näher beieinanderstehen.

3. Windzentrale

Ein großer Windpark stellt für den Staat eine Chance dar, seine Stimme auf dem Energiemarkt wiederzuerlangen: eine funktionell pragmatische Turbinenaufstellung, ein technologisches Design, passend zum technischen Funktionalismus der großen infrastrukturellen Werke. Zwei Standorte sind angedacht: eine Zentrale mit sechshundert Turbinen an der Küste Zeelands und eine Zentrale mit vierhundert Turbinen vor der Küste Nordhollands.

„Vor der Küste" bedeutet nicht „außer Sichtweite" – die ersten Turbinen stehen noch auf dem Strand. Gerade der Übergang vom Land zum Meer ist eine spannende Stelle zur Platzierung von Turbinen. Das enorme Ausmaß der Pfeiler wird spürbar, wenn man sie am Strand berühren kann. Und die Endlosigkeit der Parks ist bis zum Horizont sichtbar. Nicht der Hang zur Natur und die Romantisierung von Landschaft durch Städter:innen stehen im Vordergrund, sondern der funktionale Aspekt der Energieproduktion. Es ergibt sich kein schönes, für das Wohlbehagen des Menschen gemachtes Bild, sondern eine Landschaft, die ihren eigenen Regeln folgt. Und genau darin liegt ihre Schönheit.

Mit freundlichen Grüßen
Ton Matton

Anmerkungen

1

Bis zu einem Maximum von fünftausend Kilowattstunden könnte das Stromkontingent überzogen werden. Die Einnahmen durch die Mehrkosten, die dadurch entstünden, und generell aus dem Verkauf der Steckdosen, würden in grüne Energie investiert werden.

2

Frank Westerman, *Das Getreideparadies*, Berlin 2009, S. 25, 32

Plastik in der Wüste

Sehr geehrte Frau Rektorin der Design Academy,
liebe L.,

ganz langsam verschwindet der Sahelstaub aus meinem Kopf, obwohl alles noch etwas verschwommen ist. Ich werde versuchen, meine Beobachtungen aus dem Workshop in Mali genau aufs Papier zu bringen. Zuallererst möchte ich mich noch mal für die Einladung bedanken, mit nach Djenné zu kommen, nicht zuletzt auch wegen der Student:innen, die mich ab und zu ins Grübeln brachten. (Nicht immer mit Absicht, aber immerhin. Darüber später mehr.)

Plastikmüll

Ich bezweifele, dass wir mit dem „Plastic Waste Project" gut vorangekommen sind und dass sich das Projekt in die Richtung entwickelt hat, in die die Design Academy möchte.

Die Student:innen sind zwar ein paar Schritte weitergekommen, aber ich glaube, die Lösung des Müllproblems ist eine Nummer zu groß für Designer:innen. Der Gedanke, den Abfall als Grundstoff für neue Entwürfe zu verwenden, ist zu naiv.

Es gibt eine Art lokale Müllentsorgung in Djenné. Zweimal am Tag wird der Hof gefegt und ein Strom von Kindern läuft mit Eimern auf den Köpfen zum Rand der Stadt. Dort kippen sie die Eimer aus. Sie kennen das Sprichwort „Wasser ins Meer tragen"? In diesem Fall lautet es wohl „Sand in die Wüste tragen". Von dort verwehen die Plastiktüten – die massenhaft verwendet werden. Alles auf dem Markt wird einzeln in Plastiktüten verpackt – und verbreiten sich in der Sahelregion, wo sie von Kühen und Eseln gefressen werden und deren Darm verschließen. Auch auf der Straße wimmelt es nur so von Plastiktüten. Sie wehen in die Abflüsse, verstopfen die Rohre. Vor dem Einmarsch der Plastiktüten funktionierte das System ganz gut, aller Müll war kompostierbar, aber jetzt ist es eine Katastrophe. Und Sie können sich vorstellen, was passiert, wenn die ersten Handys kaputtgehen! So etwas, wie eine Müllabfuhr, die den Müll verarbeitet oder entsorgt, gibt es nicht. Oder doch, man könnte sagen, die Müllbeseitigung nennt sich Reparatur. Ich habe fantastische Beispiele dafür gesehen, wie man repariert und improvisiert. Das Schönste war ein Moped mit einem Plastikschutz für die Beine, der einen Riss hatte. Der Riss war wie eine Narbe genäht, mit chirurgischer Präzision war ein Eisendraht eingesetzt worden. Man könnte sagen, dass in Europa Material verschwendet wird, aber keine Zeit – während hier Zeit verschwendet wird, aber kein Material.

Während sie ihre Einkäufe alle einzeln in Plastiktüten verpackte, erzählte mir eine Frau auf dem Markt, dass seit der Einführung von Plastiktüten alle zu faul seien, eine Kalebasse von Zuhause mit zum Einkaufen zu nehmen. Denn auch im Supermarkt bekommt man die Plastiktüten natürlich.

Bevor wir nach Mali reisten, habe ich mit Herrn R. telefoniert, einem der großen Müllgewerbebetreibenden der Welt, der nicht weit von mir entfernt wohnt. Und ich habe ihn gefragt, ob er mir etwas über Müll in Afrika erzählen könne. Seine Antwort: „Ich entsorge den Müll in Westeuropa, ich entsorge den Müll in Australien, in Asien, in Nord- und Südamerika, aber Afrika: nein, darin möchte ich mich nicht verstricken."

Bei einem der ersten Atelierbesuche, die wir mit den Student:innen unternahmen, sahen wir einige Frauen, die bunte Plastiktüten in Streifen schnitten. Diese wurden dazu benutzt, diverse Matten zu flechten, die dann an Tourist:innen verkauft wurden. Auf die Frage, warum sie das nicht mit alten Tüten täten, reagierten sie überrascht: „Die sind doch dreckig!" Eine schöne Antwort, die den Student:innen zeigte, dass natürlich ihre Frage naiv war – und nicht die Antwort der malinesischen Frauen. Letztere nämlich führen ihren Betrieb realitätsgemäß: Altes Plastik ist dreckig und kaputt und hat weniger schöne Farben. Das Geschäft der Frauen lebt davon, etwas Schönes herzustellen.

Einige Tage später waren wir in einem Atelier zu Gast, in dem eine Frau über einem Holzkohlefeuer eine Plastiksandale schmolz und lange Fäden daraus zog. Als wir ihr erzählten, dass wir altes Plastik von der Straße und aus der Wüste recyceln wollten, sah sie uns erstaunt an. Sie sagte, ihr Plastik käme aus China. Ab und zu bestelle sie dort einen Container mit Flipflops oder Sandalen. Die hätten schöne Farben und seien sehr billig. Mir fiel, wie Sie sicherlich verstehen, der Mund vor Erstaunen auf. Der „malinesische Schmuck", der hier unter der Überschrift „Lokales Handwerk" an die Tourist:innen verkauft wird, ist aus geschmolzenen chinesischen Flipflops hergestellt! (Das erinnert mich an einen Schrank, den ich als Student bei Ikea gekauft habe, weil ich das Holz für ein Modell brauchte. Der Ikea-Schrank war billiger als das Holz im Baumarkt.) Darüber muss ich erst einmal nachdenken.

Irgendwo im Global Village

Faszinierend und gleichzeitig schockierend – aber auch hoffnungbringend – war die Naivität und Unbefangenheit, die ich bei den Student:innen beobachtete. Es dauerte ein paar Tage, bevor ich die Situation erfasste: Die Student:innen hatten sich überhaupt nicht auf Djenné vorbereitet.

Zumindest nicht so, wie ich das für gewöhnlich tue. Reiseführer und Bücher lesen, um bestmöglich auf den Ort vorbereitet zu sein, an den man sich begibt. Nichts von dem. Eine Studentin formulierte es während des Frühstücks in unserem House of Humanity so: „Ich mag es, ohne Vorkenntnisse irgendwo hinzugehen und erst an Ort und Stelle zu sehen, wo ich bin." Die Folge dieser Mentalität ist eine unglaublich unbefangene Einstellung. Die Student:innen benahmen sich in Djenné genauso, wie sie es an jedem anderen Ort getan hätten. Der Unterschied zwischen Djenné, Eindhoven und New York schien für sie minimal; einfach nur eine weitere Shoppingmall im Global Village. Währenddessen kämpfte ich immer noch altmodisch mit meinen Schuldgefühlen, ein weißer Europäer mit kolonialer Vergangenheit zu sein, und mit meinen Versuchen, Reisender und nicht Tourist zu sein und damit einen Weg zu finden, mit der Armut umzugehen, die durch den westlichen Kapitalismus und dessen Marktwirtschaft verursacht oder zumindest instandgehalten wird. Keine dieser Überlegungen schien den Student:innen in den Sinn gekommen zu sein. Jegliche Einsicht in die Beziehung zwischen Muslim:innen und Christ:innen, Armen und Reichen schien zu fehlen. Jedenfalls war dies nie Gesprächs- und Diskussionsthema. Die Student:innen liefen durch die Straßen und telefonierten mit Freund:innen und Familie. Kein Problem, das Handy funktionierte bestens – sogar besser als bei mir Zuhause in Mecklenburg-Vorpommern!

Nach ein paar Tagen wurde auch ich unbefangener. Ich kam leichter in Kontakt und wurde in meiner Kommunikation mit den Bewohner:innen Malis lockerer. Denn natürlich laufen auch in Djenné die Leute mit ihren Handys durch die Gegend und telefonieren mit Freund:innen, es gibt viele Fernseher, es fahren SUVs (ich hatte bis dahin noch nie einen echten Hummer gesehen) und zahlreiche Mopeds durch die Straßen. Sie haben Zugang zum Global Village, schauen MTV, kennen Body Culture und frönen dem Konsum. Gleichzeitig sah ich, wie die Student:innen anfingen, immer mehr Fragen zu stellen, und sich langsam doch der Unterschiede zu Eindhoven bewusst wurden. Sie schienen zu erkennen, dass es sehr wohl einen Kulturclash geben konnte. Ich habe vor allem versucht, sie in ihrem Global Behavior, das ich sehr faszinierend fand, zu bestärken und darin, sich dieses bewusst vor Augen zu führen.

Sie selbst stellten das extremste Beispiel dar, besonders ihr Kleidungsverhalten. Ihre Ausrede dafür, dass sie sich in ihren Klamotten so unwohl fühlten, war natürlich der Verlust ihres Gepäcks am Flughafen, der dazu führte, dass sie sich ihre Kleider zusammensammeln mussten. Dies war ein Grund. Ich habe ihn auch akzeptiert. Aber das Problem saß tiefer. Nachdem unser Dolmetscher mir erzählte, dass im Dorf über uns geredet wurde, dass man Witze über die Kleidung der Studentinnen machte, habe ich B. nach seiner Meinung gefragt. Er sagte, er sei schockiert gewesen, hätte nicht erwartet, mit Frauen zu arbeiten, die wie Touristinnen gekleidet seien. Immerhin waren sie zum Arbeiten hier. Das Problem seien die nackten Hüften. Nicht unbedingt Brüste seien ein Tabu, die würden regional öfter nackt getragen, sondern der untere Bauch und Rücken. Genau die Körperbereiche also, die in der westlichen T-Shirt-Kultur frei liegen. Tattoos auf Unterrücken oder Piercings in Bauchnabeln müssen natürlich sichtbar sein. Ist das Zufall oder kann man von einer bewussten Provokation des Westens gegenüber der muslimischen Kultur reden? Ich weiß es nicht, aber ich wünsche mir, dass die Modestudent:innen so eine Frage mal untersuchen.

Freundliche Grüße
Ton Matton

Phoenix Village

Sehr geehrter Minister P.,

anlässlich unseres Gesprächs bei dem Workshop am 21. und 22. Mai in Wageningen, wo ich eine Präsentation hielt, schicken wir Ihnen eine Projektidee, an der Sie sicherlich Interesse haben werden.

Im Moment bekommt die Unterkunft von Geflüchteten in Auffangcamps zurecht viel Aufmerksamkeit. Mindestens ebenso wichtig ist allerdings, dass Geflüchtete in ihren vorübergehenden Wohnstätten auch ihr Leben „außer Haus" gestalten können.

Dort, wo der aktuelle Bau eines Geflüchtetencamps auf der Architektur eines militärischen Lagers basiert, sollte ein solches Camp unseren Visionen zufolge ein Dorf sein, in dem Menschen die Chance bekommen, sich ein neues Leben aufzubauen. Ein Dorf, in dem sie arbeiten, zur Schule gehen, eine Moschee besuchen, sich entspannen können. Ein Dorf, das ein Spiegel der „normalen" Gesellschaft darstellt, in der geflüchtete Menschen Bäcker:innen, Zimmerleute, Lehrer:innen oder Landwirt:innen sind, Radiosendungen und eine Zeitung herausbringen, ins Theater oder Kino gehen. In diesem Dorf bestimmen die Einwohner:innen selbst, wo sie ihre Notwohnung bauen oder welche Notwohnung sie beziehen wollen, wodurch auf lange Sicht Straßen, Plätze und Alleen entstehen. Ausgeklügelte ökologische Erfindungen sorgen für Wasser, Elektrizität und sanitäre Ausstattung.

Die gemeinnützige Organisation Architecture for Humanity ruft Entwerfer:innen dazu auf, neue Notunterkünfte zu entwickeln – das ist die große internationale Architekturpreisfrage. Entwürfe für Notunterkünfte füllen allerdings schon ganze Kataloge aus.

Wir haben deswegen mit unserer Einsendung „Phoenix Village" einem Zufluchtsdorf der Zukunft Form gegeben. Wir sind davon überzeugt, dass sich auch in kurzer Zeit ein Dorf aufbauen lässt, in dem Menschen eine selbstständige Existenz führen können. Auf diese Weise bietet ein Auffanglager den Geflüchteten mehr als nur ein vorläufiges Dach über dem Kopf, unter dem Menschen gezwungen sind, tatenlos zu warten, und deshalb von Hilfsgütern abhängig bleiben. Viele Geflüchtetenlager existieren schon so lange, dass eine ganze Generation in ihnen aufwächst. Auf unbestimmte Zeit als „Hilfsbedürftige" abgestempelt, wird ihnen ein selbstbestimmtes Leben verwehrt.

Wir haben an die Aufgabe von Archtitecture for Humanity also einen höheren planerischen Maßstab angelegt und eine

Idee für ein emanzipiertes Zufluchtsdorf entwickelt. Die Grundlagen dafür sind schon längst geschaffen.

Es existiert bereits eine Vielzahl guter Beispiele für temporäre Unterkünfte: Shigeru Bans berühmte Häuser aus Papprohren, die er nach dem Erdbeben in Kobe baute; die Containerunterkünfte, in denen all die Bauarbeiter ab 1989 in Berlin wohnten; oder die noch immer bewohnten Notunterkünfte, die 1953 nach der Flutkatastrophe in Zeeland gebaut wurden.

Auch eine große Menge an hilfreichen Geräten und Techniken für die infrastrukturelle Versorgung mit Wasser und Strom ist uns schon bekannt. In Südafrika wird zum Beispiel ein Aufziehradio produziert, mit dem man nach wenigen Minuten Kurbeln eine Stunde Radio hören kann. Es kann benutzt werden, um Menschen schnell über deren Lage zu informieren – aber auch einfach zum Musikhören. (Nach diesem Prinzip ließe sich auch die Beleuchtung in einer Wohnung regeln oder sogar die Straßenbeleuchtung.) In Schweden werden Komposttoiletten genutzt. Sie verbrauchen kein Wasser, die Fäkalien kompostieren im Behälter unter der Toilette. In Belgien gibt es eine Kläranlage mit Pflanzen, die das Abwasser reinigen, teure Systeme mit Röhren braucht es hier nicht. Solarenergie wird jeden Tag billiger und bringt immer mehr Leistung. Man kann sogar einen Rechner mit Strom versorgen, wie Catherine Oddie es gemacht hat und so ihr Buch *Enkop Ai. Mein Leben als weisse Massai* in Kenia schrieb. In den Niederlanden wird auf diese Weise Wasser hochgepumpt, damit die Kühe trinken können. Diese autarken Systeme bringen Freiheit in die Stadtplanung. Bewohner:innen sind dadurch viel freier und beweglicher und können ihre Häuser dort errichten, wo sie möchten. Die einzigen Regeln sind: Verursache kein Hindernis für deine Nachbar:innen und respektiere ihr Recht auf Übergang. Die Menge an Platz, die jede Person zur Verfügung hat, variiert mit der Arbeit, die verrichtet werden soll. Ein Bauer braucht mehr Platz als eine Fleischerin. Dies wird sich von selbst sortieren.

Wenn große Popkonzerte und Festivals wie Woodstock oder Lowlands stattfinden, an denen Zehntausende Menschen für ein paar Tage zusammenkommen, werden dafür schnell öffentliche Einrichtungen aufgebaut: eine Menge an Restaurants, ein Kino, Bänke, ein Postamt und sogar Geldautomaten, eine Art „Gemeindehaus" für die Organisator:innen, ein Supermarkt, eine Bäckerei, ein Souvenirshop und so weiter ... alles in Zelten untergebracht.

Diese Beispiele haben wir also kombiniert bei unserer Planung des „Phoenix Village", dem emanzipierten Zufluchtsdorf.

Stellen Sie sich also folgendes Szenario vor: Eine Reihe an temporären Häuser, die es schon gibt, wird kopiert und nachgebaut. Sie funktionieren noch besser, wenn Versorgung und Infrastruktur lokal organisiert sind. Nachdem ein Hospital gebaut und Nahrungsmittel zum Verteilen vorhanden sind, können die Menschen sich in dem neuen

Dorf ausbreiten. Das Militär zieht sich dann erst einmal zurück, damit sich die soziale Organisation des Alltags entwickeln kann.

Die Bewohner:innen können sich selbst einen Ort aussuchen, an dem sie ihr Haus bauen wollen. Die direkten Nachbar:innen werden sich schon einmischen in die Platzwahl. Am Anfang wird es chaotisch aussehen, aber dann gewöhnt man sich daran und die Trampelpfade bilden ein Netzwerk von Straßen und Gassen, Alleen und Plätzen.

Die Versorgung ist autark. Das bedeutet, das teure Eingriffe, um für Wasser und Energie zu sorgen, nicht nötig sind. Mit den Komposttoiletten aus Schweden und den Aqua Columns aus den USA braucht es kein Abwassersystem in der Straße. Der Kompost wird auf die Acker geleitet. Die Aufziehradios sorgen für Information und Entspannung.

Die Bewohner:innen erhalten Mehl, Hühner, Kühe. Jemand wird eine Bäckerei gründen, andere werden Gemüse und Samen anpflanzen. Handwerkzeuge werden bereitgestellt damit auch Tischler:innen, Klempner:innen, Elektriker:innen ausgestattet sind.

Die Schule muss so schnell wie möglich beginnen. Dafür kommen Freiwillige, die unterrichten wollen, damit auch die Eltern der Kinder Zeit haben, sich einzubringen und das Dorf mitzugestalten. Mit Mountainbikes und All-Terrain-Bikes werden alle möglichen Sachen transportiert, mit Rikschas beginnen die ersten Taxifahrer:innen ihr Unternehmen. Große kommerzielle Firmen aus der gesamten

Welt schicken ihre Produkte, um Verantwortung zu übernehmen und damit Werbung zu machen. Barings eröffnet eine Bankfiliale, Nokia liefert Handys, Epson stellt eine Druckmaschine für die Lokalzeitung. McDonalds eröffnet ein Restaurant, Warner Brothers baut ein Kino. All diese Aktivitäten schaffen Arbeitsplätze, die von den Einwohner:innen von „Phoenix Village" eingenommen werden.

Mithilfe von Arbeit und Handel geht das Leben weiter. Fast „wie immer". Wenn die Herkunftsstädte irgendwann wieder sicher sind, können die Menschen zurückkehren. Oder aber, sie bleiben in diesem neuen Dorf – vielleicht ihr ganzes Leben lang, vielleicht nur für ein paar Jahrzehnte.

„Phoenix Village" ist ein Ort für Menschen, die keine andere Wahl haben, als dort zu leben. Im Kontrast zu heutigen Geflohenenunterkünften bietet „Phoenix Village" Menschen die Möglichkeit, ihr Leben weiterzuführen, statt unendlich lang darauf zu warten, wieder nach Hause zu können. Es bietet die Möglichkeit, zu arbeiten und ein menschenwürdiges Leben zu führen. Die Emanzipation eines Geflüchtetenlagers.

Gerne würden wir mit Ihnen ins Gespräch kommen, damit wir unsere Ideen konkretisieren können.

Mit freundlichen Grüßen
Ton Matton

BosBus

Sehr geehrter Kurator der Biennale Rotterdam,

gerne möchte ich Ihnen das Projekt „BosBus, ein mobiles Naturschutzgebiet" vorstellen:
Der Legendenpunkt Terra incognita ist seit 1966 von den niederländischen Karten verschwunden. Die letzten unkultivierten Grundstücke wurden duch Ackerbaunutzung vereinnahmt. In den Siebzigern ging es, wenn das Thema Natur aufkam, immer um sterbende Wälder, sauren Regen, das schrumpfende Schmetterlingsvorkommen und Umweltverschmutzung. Natur wurde weiterhin gebraucht, aber immer anhand von quantitativen, hygienischen Zahlen dargestellt. Sie wurde unter Berücsichtigung von aufgestellten Grünnormen für die Stadt, Grünnormen für die Siedlung, Grünnormen für die Straße transformiert und dann in Form von öffentlichen Rasenflächen, die nicht betreten werden durften, eingezäunten Rosengärten und anderem undefinierbarem Grünzeug angelegt. Jede emotionale Komponente

war bei diesen Normen zur Begrünung ausgeklammert. Die Entdeckung der unerwartet schnellen und spontanen Entwicklung von „zurückgekehrter" Natur auf einer sterilen, vom Meer abgetragenen Fläche markierte ein Umdenken in der Naturbelebung. Der Postmodernismus brachte das Ende der Idee einer machbaren Gesellschaft, aber formbare Natur wurde in den Niederlanden gefeiert wie nie zuvor. Naturwissenschaftler:innen entdeckten, dass sogar Naturgefühle, Emotionen und Erfahrungen, erzeugbar sind. Rosen sollten von nun an nicht nur farbig sein und lang halten, sondern auch wieder duften. Tomaten sollten nicht nur unkompliziert zu transportieren sein, sondern auch schmecken. Dieses Zusammenwachsen von Technologie und Emotion führte dazu, dass neue Naturschutzgebiete wild und gewissermaßen unberührt sein sollten.

Über das Fehlen von Authentizität

Sie wurden zusammengeführt in größere Verbände, eine ökologische Infrastruktur, in der Technologie und Natur sich gegenseitig unterstützen sollten. Freizeit und Naturempfinden basieren auf einer ähnlichen Verknüpfung. Unser heutiges Naturempfinden ist durch die Technologie von vielen Faktoren bestimmt. Das Handy zeigt Filme über Naturphänomene, die mit unserem bloßen Auge kaum zu erkennen sind. Gerüche und Geräusche werden eingesetzt, um Emotionen und Verhalten zu manipulieren, vor allem, um uns zum Einkaufen zu verlocken. Kletterhallen, Skihallen, Ferienparks mit Tropical-Swimmingpools, eine Safari mit obdachlosen Menschen durch Amsterdam – all diese Attraktionen versprechen Naturerlebnisse voller Abenteuer, Aufregung, Freiheit und Risiko. (Natürlich sind sie in unserer Gesellschaft ohne Gefahr besuchbar und für Unfälle steht immer eine Versicherungsgesellschaft im Hintergrund.)

Der Unterschied zwischen echter und nachgebauter Natur verschwimmt. Das Besucherzentrum in einem Naturschutzgebiet zeigt mit einem Plastikmodell besser, was draußen los ist, als man es draußen finden könnte. Das Display zeigt, was draußen erfahrbar ist – aber eben viel komfortabler: warm, trocken, mit Kaffee und Kuchen. Das wiederum verursacht ein Fehlen von Authentizität.

Mit dem „BosBus" kritisieren wir diese Entwicklungen. Wir kehren sie radikal ins Gegenteil um und bringen die „echte", unkomfortable Natur in unser tägliches Umfeld.

Über Urban Pioneers

Der Amazonaswald brauchte Millionen von Jahren, ehe er ein stabiles Ökosystem erreicht hatte. Bäume, Pflanzen, Insekten, Vögel, alle haben ihre spezifische Nische gefunden und sind Teil dieses per Trial and Error entstandenen Biotops. In der Stadt ist dieser Prozess erst seit einigen Jahrtausenden im Gange. Das städtische Gebiet wächst rasant.

Schon über die Hälfte der Weltbevölkerung lebt heutzutage in Städten und bewegt sich durch dieses Agglomerat. Auch viele Pflanzen und Tiere versammeln sich dort, gewissermaßen als blinde Passagiere. Diese Pioniere sind täglich damit beschäftigt, sich eine günstige Stelle in diesem sehr städtischen Ökosystem zu suchen. Die Natur hat, genauso wie der Mensch, das Global Village für sich entdeckt und nutzt all dessen Infrastruktur, um sich darin auszubreiten. Diese Pioniere, Reisende mit Zug, Flugzeug oder Schiff, suchen sich geeignete Wohngebiete in der Stadt. In Rotterdam zum Beispiel findet man zahlreiche dieser Immigranten. Die Taube, ein Vogel, der ursprünglich in felsigen Bergen brütet, lebt jetzt zwischen den Hochhäusern und ernährt sich von Pommesresten. Der Reiher positioniert sich neben der Anglerin am Ufer und erwartet so eine leichte Beute. Das Liebesgras fühlt sich zwischen den Gehwegplatten, auf denen wir uns bewegen, wohl und liebt es sogar, von uns betreten zu werden. Das Dänische Löffelkraut hat sich innerhalb weniger Jahre von der dänischen Küste entlang der deutschen Autobahnen bis nach Rotterdam verbreitet. Nach vierzig Jahren Winterdienst war so viel Salz gestreut, dass sich ein perfektes Klima für diese Pflanzen entwickelt hat. Die Geschwindigkeit der Autos hat die rasante Verbreitung befördert. Ganz selten werden diese Pflanzen und Tiere mit Natur in Verbindung gebracht, weil sie nicht dem gesellschaftlichen Bild von Natur entsprechen. Da zählt eine kulturelle Interpretation, basierend auf den Kriterien der wilden, unberührten Natur der Romantik. Unser Naturbild ist ein kulturelles Konstrukt.

Aber was bedeutet diese globale Natur für das Denken über die Stadt, für die Stadtmodelle der Zukunft? Bis jetzt sind die Gegenüberstellungen zwischen Stadt und Natur immer da, mit der Stadt in der Rolle der Aggressorin. Wohnungs- und Straßenbau gehen auf Kosten der Natur. Aber der Natur selbst ist dies egal. (Fast) Jede Pflanze, (fast) jedes Tier hat eine Stelle auf der Welt, an der sie beziehungsweise es sich Zuhause fühlt, oder an die sie oder es sich anpasst; wie die Stadttaube, die Pommesreste frisst in einer warmen Felsenlandschaft: der Stadt. Jeder stadtplanerische Entwurf kreiert Biotope und Milieus für bestimmte Pflanzen und Tiere. Mit diesem Naturdenken können neue Pflanzen- und Tierarten in die Stadt gelockt werden, ein aktiver Entwurfseingriff. Stadtlandschaft und Stadtnatur unterliegen den gleichen kulturellen Anschauungen.

Im mobilen Naturreservat „BosBus" werden diese kulturellen Interpretationen der Natur ausgestellt: ein Stadtbus, umgenutzt zu einem mobilen Dschungel. Losgelöst vom natürlichen Kontext, und buchstäblich losgelöst von der Erde, wachsen Pflanzen und Bäume im Interieur; in einem komfortablen Setting, wie in einem Pavillon mit vielen Fenstern und geschützt vor Regen und Wind; ein zugewucherter Bus, auf dem Weg durch die Stadt, eine Exkursion in städtische Natur.

Über Parasiten und Kommensalismus

Der Krokodilwächter ist ein Vogel, der von den Nahrungsresten im Maul des Krokodils lebt. Nachdem das Krokodil seine Beute verzehrt hat, legt es sich mit offenem Maul hin, damit das Vögelchen – auch „Zahnstocher" genannt – seine Mahlzeit finden kann. Zu Unrecht wird der Wächter oft als Parasit abgestempelt. Es sollte eher die Rede von einer Symbiose zwischen Krokodil und Vogel sein, denn auch das Krokodil hat einen Nutzen von der Zahnpflege durch den Krokodilwächter. Beide profitieren vom gegenseitigen Verhalten.

Bisons werden immer von Vögeln begleitet. Diese leben von den Flöhen und Insekten, die aufspringen, wenn die Bisons im Anmarsch sind. Die Bisons selbst profitieren nicht von diesen Vögeln, die Vögel fallen ihnen aber auch nicht zur Last. Diese Zwischenform zwischen Symbiose und Parasitismus ist Kommensalismus. Die eine Art lebt im Biotop der anderen, ohne Schaden anzurichten, aber auch ohne Nutzen zu bringen.

Die Unterschiede zwischen Symbiose, Kommensalismus und Parasitismus sind in der Natur oft schwierig auszumachen. Jede Nische wird passgenau ausgefüllt durch eine Art, die exakt auf dieses Lebensklima eingestellt ist. Flora und Fauna sind innerhalb eines Biotops optimal aufeinander abgestimmt. Auf der Mikroebene herrscht ein heftiger Streit um Nahrung, Fortpflanzung und Territorium. Auf der

Makroebene ist das System stabil und auf Nachhaltigkeit und das Überleben der Arten ausgerichtet. Die stabilsten Ökosysteme, die im Endstadium ihrer Entwicklung angelangt sind, so wie der tropische Regenwald, funktionieren auf einer hohen Ebene intensiv und effizient. Aber auf den niedrigen Ebenen sind auch Risiken und Konflikte ein wesentlicher Teil des Systems.

Zu räumlicher Ordnung als Ökosystem

Auf den niedrigen Ebenen liefern sich die Individuen einen heftigen Streit, beispielsweise bei NIMBY-Konflikten, während auf höheren Ebenen die Stabilität des Systems und das allgemeine Interesse überwiegen. Mit der Dynamik und Intensität eines Ökosystems verglichen, zeigt die räumliche Ordnung jedoch eine Anzahl von Mängeln. Die Funktionsscheidung, die sich seit Beginn des Jahrhunderts ausbreitet und der Grundstein für räumliche Einrichtung ist, ähnelt einer Form des Kommensalismus. Wohngebiete, Firmenterrains, Natur, Park, Abfallflächen und so weiter (CBS hat die Zahlen zur Raumnutzung in ungefähr vierzig Kategorien unterteilt) sind voneinander getrennt, um Störungen zu vermeiden. Regulierungen und Gesetzgebung machen Parasitismus unmöglich. Dies hat zur Folge, dass auch eine Symbiose ausbleibt. Was aber bleibt, ist eine Form des Kommensalismus, die alleine nie die Interaktion liefern können wird, die ein optimal funktionierendes Ökosystem braucht. Eine intensive und dynamische Nutzung von Raum wird dann möglich, wenn der Raum analog zu einem Ökosystem geordnet und benutzt wird.

Räume emotional ordnen

Um zu einer akzeptablen Form von Parasitismus und Symbiose zu gelangen, müssen einzelne Funktionen durch komplexe räumliche Programme ersetzt werden. In „SchiePower*, die Niederlande im Jahr 2030" wird eine Zukunftsvision geboten, in der eine symbiotische Planologie operativ ist. Die räumlich funktionale Ordnung wurde durch eine räumlich emotionale Ordnung ersetzt. Diese Ordnung basiert nicht auf der Exklusion von Funktionsbehinderungen im Sinne der gegenseitigen Ursache-Wirkungs-Beziehungen, sondern geht von Überlappung und Funktionsvermischung aus. Ausgangspunkt hierbei ist die Idee, dass emotionale Normierung von Hindernissen wichtiger ist als eine wissenschaftliche Normierung. Dadurch wird es möglich, auf die Dynamik von gesellschaftlichen Entwicklungen einzugehen und sie auf die heutigen (Umwelt-)Probleme zu übertragen.

Freundliche Grüße
Ton Matton

———

eiPOD

Wendorf/Rotterdam, Dienstag, 12. September 2006

Sehr geehrter Herr Abgeordneter P.,

Ihre Frage nach einer strukturierten Identität für den Park Lingezegen ist für mich, als Vorstadtflüchtling, eine Gewissensfrage. Wurden die Wohnungen in den umgebenden Siedlungen nicht gerade mit der Begründung gebaut, dass das Gebiet sowohl in Richtung Innenstadt als auch ans Umland angeschlossen ist? Die Siedlungen Westeraam, Schuytgraaf oder Waalsprong sind nach der Idee der kompakten Stadt gebaut; nahe gelegen an städtischer Versorgung und gleichzeitig mit Auslauf ins ländliche Gebiet. Und nun kommt diese Frage nach einer Umgestaltung der Identität des Gebietes als Park, die impliziert, dass die Stadt mit ihren Einrichtungen und Parks zu weit weg und dass das umliegende Gebiet für die Freizeitgestaltung nicht interessant genug ist? Anscheinend haben Sie Tausenden Bewohner:innen unter falschen Versprechungen ein Haus verkauft! All diese Menschen müssen die nächsten vierzig

Jahre für die Abbezahlung ihrer Hypothek arbeiten, für ein Haus, das weder in der Nähe der Innenstadt steht, noch ein interessantes Umfeld zu bieten hat. Sie müssten sich schämen! Das ist meine erste Reaktion. Zurück mit dem Geld! Die zweite: Ein schamloser Politiker wie Sie, mit großem Gespür für kapitalistische Absolution, kauft sich frei – mit einem Park. Brillante Idee, alle scheinen zufrieden und die Wohnungen werden noch immer gut verkauft.

Der Park könnte sich so noch weiter ausdehnen. Die neuen Wohnungen befinden sich nicht mehr daneben, sie stehen mitten drin. Die Grenzen verschwimmen, die Randgebiete des Viertels werden vom Park beeinflusst, vielleicht sogar selbst Teil dessen.

Deswegen mein Vorschlag „eiPOD" – ein Versuch, die negative Kritik am Vinex vergessen zu machen. Jedes Haus rund um den Park bekommt ein Vogelhaus für den Trauerfliegenschnäpper, ein typischer Vogel für das Gebiet Lingezegen, eine Umgebung mit parkähnlichen Strukturen. Aber der Trauerfliegenschnäpper ist bedroht! In Lingezegen fehlt es an ausreichenden Nistmöglichkeiten, es werden zu wenig Junge geboren, um die Art zu erhalten. Weil der Trauerfliegenschnäpper am liebsten in einem Nistkasten brütet, hängen wir an jedes Haus einen. Der „eiPOD" ist so ein Nistkasten. Seine Einflugöffnung hat einen Durchmesser von fünfunddreißig Millimetern. Die Brutkammer liegt etwas vertieft hinten im Vorzimmer. So mag der Trauerfliegenschnäpper es am liebsten. Die hintere Wand des Vogelhauses ist transparent und kann am Fenster angebracht werden. So haben Bewohner:innen aus ihrem Haus heraus die Möglichkeit, ab und zu ins Vogelhaus hineinzuschauen. Eine Gardine an der Innenseite des Fensters ist zu empfehlen (gerne passend zur eigenen Ikea-Gardine), damit der Trauerfliegenschnäpper sich nicht durchgängig beobachtet fühlt. Im Herbst, wenn die Jungen ausgeflogen und der Nistkasten wieder leer ist, wird die Rückwand entfernt und der Nistkasten gesäubert. Im Frühling kann dann eine neue Vogelfamilie einziehen.

In der Vorstadt gibt es, sehr grob aufgeteilt, zwei Typen von Bewohner:innen: diejenigen, die gerne städtisch wohnen und ihr Haus aufgrund der Nähe zur Stadt gekauft haben, und diejenigen, die ländlich wohnen möchten und ihr Haus aufgrund der Nähe zum ländlichen Raum gekauft haben. Der Park ist für beide Typen, die letztendlich Nachbar:innen sind, bestimmt.

Den Liebhaber:innen des ländlichen Wohnens bietet er die Möglichkeit, ein Hobby wie Imkern, Käseproduktion, Ziegen- oder Hühnerhaltung auszuüben. Sie tragen mit ihrem Hobby zur ländlichen Atmosphäre bei. Der informelle Verkauf aus Eigenproduktion steigert die lokale Identität. So auch der „eiPOD". Der Trauerfliegenschnäpper frisst Insekten. Blumen sind für ein gewisses Insektenaufkommen notwendig. Gemeinsam mit dem „eiPOD" werden also Blumensamen verkauft – zum Beispiel zum Anbau von Raps. Der lockt Bienen an. Ein:e lokale:r Imker:in produziert Honig: den Lingezegen-Rapsblüten-Honig, mit absolut einmaligem Aroma. Der Honig muss in Gläser abgefüllt werden, für die Gläser braucht es Etiketten, die Gläser müssen für den Transport in eine Kiste, die Kiste muss in einem Schrank gelagert werden und so weiter und so fort. Analog zur Nahrungskette des Vogels entsteht eine Produktionskette, Made in Lingezegen: eine Reihe von Produkten mit einer starken regionalen Herangehensweise, an die Tradition des Bauernhofs anschließend.

Für die Städter:innen wird der Park dadurch eher ein Einkaufszentrum. Die sonntägliche Fahrradtour wird zum ausgedehnten Einkaufsbummel, vorbei an Bauernhöfen in Bemmel, Elst und Huissen, auf der Suche nach Honig, Erdbeeren oder Ziegenkäse.

Ich hoffe, hiermit Ihre Frage nach der zukünftigen Identität des Parks zu Ihrer Zufriedenheit beantwortet zu haben.

Mit freundlichen Grüßen
Ton Matton

PS: Ein Vogelschützer erzählte mir einmal, dass der Trauerfliegenschnäpper ein echter Langstreckenflieger ist, der erst Ende April oder Anfang Mai vom afrikanischen zum europäischen Kontinent zurückkehrt. Der Frühling wird durch die Klimaveränderungen immer wärmer, wodurch die

Anzahl der Raupen, die für die Versorgung der Vogeljungen notwendig sind, immer früher ihren Höhepunkt erreicht – und auch früher wieder abfällt. Wenn man auf einem anderen Kontinent überwintert, bekommt man davon nichts mit, aber nach der Rückkehr erschreckt man sich als Trauerfliegenschnäpper gewaltig – und bekommt unglaublichen Stress! Anstatt nach der Rückkehr in Ruhe ein paar Wochen zu balzen, muss das Nest für die Eier innerhalb einer Woche gebaut und genutzt werden, damit fürs Raupenschlemmern alles pünktlich fertig wird.

Trauerfliegenschnäpper fahren auf Brutkästen ab. Kaum eine andere Vogelart in unserm Land ist so darauf fokussiert wie sie. Es scheint, als hätten die Vögel ganz vergessen, dass sie jemals in Baumhöhlen (?) oder Löchern (?) brüteten. Direkt nach seiner Ankunft besetzt das Männchen den Kasten und ruft, bis ein vorbeifliegendes Weibchen es bemerkt, wonach es sie dazu einlädt, den Brutkasten zu inspizieren. Manchmal trifft der Herr nach seiner Rückkehr auch eine komplette Meisenfamilie in seinem favorisierten Brutkasten an. Dann bricht Krieg aus und es werden sogar Duelle auf Leben und Tod geführt, wobei der Verlierer zu Baumaterial für das Nest des Gewinners verarbeitet wird! Wollen Sie ein solches Schlachtfeld vermeiden, hängen Sie einen Brutkasten auf, dessen Einflugloch Sie erst Ende April öffnen! Sobald der Trauerfliegenschnäpper dann in Ihrem Garten erscheint, kann er sein Heim beziehen.

PPS: *Der grüne Halsbandsittich* ist ein Lied, das Bernadette La Hengst geschrieben hat. Sehen Sie es sich auf YouTube an, ist echt großartig!

Ich bin der Trauerfliegenschnapper
und ich bin ein Verlierer.
Kein mondäner Kosmopolit,
nein, nur ein konservativer
Flachländer, und wenn ich wiederkomme
aus dem tiefsten Süden,
ist alles leer gefressen, nur noch
verwelkte Frühlingsblüten.

Ich bin der grüne Halsbandsittich,
und ich bin der Gewinner.
Ich habe mich befreit aus ihrem
überheizten Zimmer.
Draußen ist es fast so warm
wie zu Haus am Amazonas,
und Nüsse schmecken mir so gut
wie die Reste von Mc Donalds.
Man sagt, die Stadt sei nicht so gut
für die Natur und Tiere,
doch da bin ich ganz anderer Meinung,
weil ich nicht gern verliere.
Ihr verdient das Geld doch auch mit
Emissionenhandel.

––––––

Also, warum soll ich nicht Gewinner sein
von eurem Klimawandel?

The winner takes it all,
the loser standing small.

Wismar im Wald

Sehr geehrter Rektor der Hochschule Wismar,

mit Interesse habe ich den Protestbrief gelesen, in dem meine Kolleg:innen sich über die Auszeichnung meines Projekts „Wismar im Wald" mit dem DIA-Preis für das beste Semesterprojekt an der Uni beschweren. Schon wieder bin ich von der Wismarer Hochschulkultur überrascht. Gut, dass so eine Debatte angestoßen wird.
Ich mache gerne bei einer Diskussion über den DIA-Preis und darüber, was er bedeuten soll, kann, muss, mit. Kurz habe ich darüber nachgedacht, den Preis wegen des Briefes abzulehnen. Aber weil die Nominierung der Gruppenarbeit gilt und nicht für das Anpflanzen eines Waldes verliehen wurde, denke ich, die Student:innen haben ihn mit Recht verdient. Sie haben sehr begeistert und engagiert an dem Projekt gearbeitet, was ich durchaus auch als meinen Verdienst ansehe. Die ganze negative Kritik sollte auf keinen Fall den Student:innen entgegengebracht werden.

„Wismar im Wald" ist ein Projekt, das die (Un-)Möglichkeit, Bäume im Stadtraum anzupflanzen, erforscht. Vor Jahrhunderten war Europa ein Riesenwald. Wir haben mittlerweile die meisten Bäume gefällt und beschweren uns jetzt ganz komfortabel bei den Brasilianer:innen, dass sie den Amazonas für unseren Kohlendioxidausgleich erhalten sollen. Unser europäisches stadtplanerisches Regelwerk[1] macht es fast unmöglich – verbietet es manchmal sogar –, dass Bewohner:innen einer Stadt eigene Initiativen umsetzen. Dies ist eine altmodische Auffassung von Stadtplanung aus einer vergangenen Zeit, in der Europa im Bereich der Stadtplanung maßgebend war. Mittlerweile zeichnen Megastädte wie Lagos oder São Paulo auf, wo es im Bereich der Stadtplanung langgeht. Da sind Improvisation und Aktion gefragt[2] – und das möchte ich den Studierenden vermitteln, das gehört zu meinem pädagogischen Model.

Mit der Baumverschenk-Aktion möchte ich zeigen, dass Studierende, wie die Einwohner:innen selbst, für ihre eigene Stadt verantwortlich sind, und möchte sie für diese Verantwortung sensibilisieren. Unter anderem mit meiner Ausstellung *Die Klimamaschine. Edition 9: Technisches Paradies* im Rahmen der Architekturbiennale Venedig 2008 hatte ich schon einige Erfahrungen mit der schwierigen Kombination von Baum und Ausstellung gemacht. Deswegen haben wir uns für unser Projekt sehr gut und mit massenhaft Setzlingen vorbereitet – eben wie der Baum selbst das auch tut: millionenfach Samen verstreuen und hoffen, dass einer es schaffen wird, zu einem Baum heranzuwachsen. Die mehr als zehntausend Setzlinge haben wir der (damaligen) Wismarer Bürgermeisterin geschenkt und in kleinen Töpfen auf dem Marktplatz mit seinen circa zehntausend Quadratmetern abgestellt. Dieses Bild möchte ich gerne als Darstellung von diesem Projekt im Kopf behalten. Vom Markt aus wurden die Töpfchen weiterverschenkt.

Die Wismarer:innen wurden dazu aufgefordert, einen Setzling mitzunehmen, ihn irgendwo einzupflanzen und zu versorgen. Viele haben das gemacht. Die meisten jedoch beriefen sich auf das Verbot „so etwas" einfach im Garten einzupflanzen. „Das darf man doch nicht!" Und genau das wollte ich den Student:innen vermitteln. Wir haben also untersucht, welche Möglichkeiten es in Wismar gibt, einen Baum zu pflanzen – oder halt nicht.

Die Bürgermeisterin bot uns an, die übrig gebliebenen Setzlinge auf einem Grundstück neben der Stadt einzusetzen. Dies lehnte ich jedoch ab. Schließlich war es unser Ziel, die Bäume in den Stadtraum zu bringen.

Der Campus der Hochschule Wismar liegt im Stadtraum. Da die „Wiese" vor der Architekturfakultät in Haus 7a im Bebauungsplan als „Wald" vorgesehen ist, habe ich eine Genehmigung bekommen, die Setzlinge dort einzupflanzen. Dass so etwas im Juli bei dreißig Grad nicht erfolgreich wird, war zu befürchten. Eine Gärtnerei rechnet sogar im Februar oder November mit zehn Prozent Verlust. Dies ist natürlich keine Ausrede. In diesem Punkt bin ich einverstanden mit dem Protestbrief, das hätte ich besser machen sollen! Würden wir Förster:innen und Gärtner:innen ausbilden, würde auch ich sagen: Wir sind voll gescheitert. Nächstes Mal werde ich Gärtner:innen miteinbeziehen. Für einen kritischen, kreativen Studiengang allerdings, würde ich sagen, haben wir das Projekt erfolgreich gemeistert.

Mit freundlichen Grüßen
Prof. Ton Matton

Anmerkungen

1

Dazu empfehle ich Ihnen das Buch *Improvisations on Urbanity. Trendy Pragmatism in a Climate of Change* (Rotterdam 2010).

2

Werfen Sie doch zum Beispiel mal einen Blick auf das Projekt *Schie 2.0: Holland is a Well Regulated Country*, von der Manifesta 3. The European Biennial of Contemporary Art (Ljubljana 2000)

~~Not~~ Welcome

Lieber M.,

als wir uns dazu entschieden, dass „~~Not~~ Welcome" das nächste Jahresthema werden sollte, konnten wir nicht wissen, dass Flüchtende den Sommer über im Zentrum der europäischen Politik stehen und die europäischen Grenzen bald geschlossen werden würden. Während des Semesters habe ich Briefe geschrieben und Tagebuch geführt. Diese Texte ergeben sich jetzt als Zeugen des Prozesses, der in Europa, aber auch bei den Student:innen und mir, stattfand. Ich möchte einige Fragmente mit dir teilen:

Es sieht auf den ersten Blick aus
wie ein Festival

Wien, Westbahnhof, 12. September 2015

… um zum Bahnhof zu gelangen, schiebe ich mich durch einen Strom von Geflüchteten, es sind Hunderte. Sie tragen Rucksäcke, blaue IKEA-Taschen, Plastiktüten oder Kinder in ihren Armen; begleitet von Polizist:innen und Dolmetscher:innen in orangenen Westen mit laminierten Schildern um den Hals. Wie bei einer Demo (entschuldige diese Achtzigerjahre-Referenz), im gleichen trägen Tempo. Sie gehen am Bahnhof vorbei und überqueren den Platz, ich stehe an der Ampel. Als sie auf Grün springt zögere ich. Soll ich quer durch die Menschenmenge gehen? Irgendwie fühlt sich das nicht gut an, respektlos. Ich sehe, dass die Geflüchteten müde und erschöpft sind. Der Strom an Menschen ist echt lang. Vier- oder fünfmal springt die Ampel auf Rot und Grün, ich warte noch immer. Aber da so stehenzubleiben fühlt sich auch nicht gut an, als ob ich ein Zuschauer wäre. Andere Fußgänger:innen gehen weiter, die müssen bestimmt einen Zug bekommen …

… in der Bahnhofshalle ist es auch voll. Die Geflüchteten sitzen in kleinen Gruppen, zwischen den Bigbags. Caritas sammelt Spenden, um zu helfen, und verteilt Wasserflaschen, Kaffee, Brot und Obst. Draußen neben dem Bahnhof gibt es eine Suppenküche. Es sieht auf den ersten Blick aus wie ein Festival, sehr improvisiert. Die Geflüchteten hier machen einen erstaunlich guten Eindruck, sauber, gewaschen, gekämmte Haare, gut frisiert. Einer probiert gerade neue Schuhe an. Eine Gruppe freiwilliger Helfer:innen versucht singend und klatschend eine Gruppe Kinder zu bespaßen. Sie sind vielleicht einen Tick zu begeistert, denke ich mir, die Kinder singen schleppend, traurig und miserabel …

Es ist möglich,
in parallelen Welten zu leben

München, 13. September 2015

… „Deutschland braucht eine Auszeit", titelt die Zeitung über einem Foto von einer erschöpften „Flüchtlingsfamilie", die aussieht, als bräuchte eher sie die Auszeit. Die Schließung der Grenzen bedeutet, dass die Menschen kleinere Straßen und Bahnhöfe wählen, dort wo sie nicht wie im Münchener Hauptbahnhof von hunderten Personen mit Wasser und Essen empfangen werden. Mit dieser Verteilung hört der Strom nicht auf, er ist nur weniger sichtbar. Ich bin froh, jetzt kein:e Politiker:in zu sein, es ist ein unglaubliches Dilemma …

... merkwürdig, dass so eine Mischung von Menschen parallel in unserer Gesellschaft anwesend sein kann. Tausende Geflüchtete neben tausenden Tourist:innen neben tausenden Einwohner:innen. Alle scheinen sich gegenseitig zu ignorieren. Ulrich Beck hat recht, wenn er in *Schöne neue Arbeitswelt* über eine „Brasilianisierung des Westens" schreibt. Auch hier ist es möglich, in parallelen Welten zu leben. Einander zusehen aber einander nicht wahrnehmen. Ich bin bei einer Safari in der Serengeti einmal einem Löwen begegnet. Der Löwe ging sehr langsam, er streifte fast unser Auto, aber er schien das kaum zu bemerken. Das Auto war kein Teil seiner Welt. Ich vermute, dass er mich sehr wohl gesehen (und gefressen) hätte, wenn ich aus dem Auto gestiegen wäre ...

Schließlich sind sie hier, weil sie fliehen mussten, nicht um Teil einer kreativen Kunstszene zu sein

München, 13. September 2015

... gestern hatte ich Glück, einen früheren Zug aus Wien zu erreichen. Der Besuch des „Shabbyshabby"-Projekts hat jetzt gerade etwas Zynisches. Geflüchtete sind über ganz Europa verteilt und ich sehe mir mit meinen Student:innen diese „schäbigen Hütten" an. Das Projekt will eigentlich als Kritik an überteuerten Wohnungen in München verstanden werden, aber jetzt kann man in den „Shabby-shabby Appartments" nur allzu schnell alternative Unterkünfte für Geflüchtete sehen. Die Münchner:innen gehen an den Hütten vorbei, als ob sie Löwen wären, sie scheinen die Hütten gar nicht wahrzunehmen. Und natürlich werden Geflüchtete hier nie wohnen wollen, schließlich sind sie hier, weil sie fliehen mussten, nicht um Teil einer kreativen Kunstszene zu sein oder über die Wohnungslage in München zu diskutieren. Und die Kreativszene trinkt ihr Bier und feiert die hippe shabby Lösung. „Aber dieses Projekt bewegt München keinen Millimeter", sagt Matthias Lilienthal in der Debatte, der ich beiwohne. Die Stadt, mit all ihren Blasen, ist in verschiedene Biotope eingeteilt. Dies hat zur Konsequenz, dass sich viele Menschen treffen, die sich ähnlich sind. Vielleicht ist diese „Spezialisierung" zu weit fortgeschritten, wenn Menschen gegenüber anderen Menschen ignorant werden …

Keine Kommunikation möglich

Linz–Hamburg, Nachtzug, 1. Oktober 2015

… der Nachtzug ist voll, alle Plätze sind besetzt mit Flüchtenden auf dem Weg nach Schweden. Einige von ihnen haben die Kabinen schon besetzt und sitzen und liegen auf den Betten. Das Bett, das ich gebucht hatte, ist auch belegt. Was nun? Der Schaffner kommt zur Ticketkontrolle vorbei. Aber ihm begegnen nur leere, fragende Blicke. Er zieht die Schultern hoch, nimmt mich am Arm und führt mich in eine andere, verschlossene Kabine. „So geht es schon die ganze Woche", beschwerte er sich, „keine Kommunikation möglich" …

Alles ist besser, als herumzusitzen und zu warten

Linz, 7. Oktober 2015

… heute findet unsere erste „Hot Welcome"-Mensa statt! Ein Kochevent mit Gelüchteten. Drei Freiwillige, selbst einst geflohen, vom SOS-Menschenrechte-Haus in Linz kochen Mittagessen. A. kommt ursprünglich aus Syrien, M. aus Afghanistan und A. aus Eritrea. Zusammen mit einigen Student:innen bereiten sie eine leckere Mahlzeit zu. Sie sind keine Profis, das sieht man, aber es scheint ihnen Spaß zu machen. Wir müssen uns noch an die Kommunikation gewöhnen. „Alles ist besser, als herumzusitzen und zu warten", sagt A. Er ist schon seit neun Monaten in Linz und wartet noch immer auf seine Aufenthaltserlaubnis.

Gegen Mittag kommen unsere Student:innen und einige Gäst:innen zum Essen, aber leider niemand aus einer

Geflüchtetenunterkunft. Am Ende des letzten Semesters kamen sie zu dreißigst, heute zeigt sich niemand. Ich frage mich, warum. „Die meisten liegen wahrscheinlich noch im Bett", meint A., „das passiert mit einem, wenn man so lange im Wartemodus ausharren muss".

Die Zutaten wurden von SUMA gespendet, die Mindesthaltbarkeitsdaten sind abgelaufen. Aber die drei Köch:innen möchten auch Fleisch verwenden, für gewöhnlich kochen sie nicht vegetarisch.

Da wir zur Universität gehören, dürfen wir den Dreien fünf Euro pro Stunde zahlen. Das nehmen sie gerne an, um Handykarten zu kaufen oder ein wenig Geld nach Hause zu schicken. Die Essensspenden reichen allerdings nicht, um alle entstehenden Kosten zu decken. Wir brauchen mehr bezahlende Gäst:innen von außerhalb, nicht nur Student:innen, denke ich …

**Es gibt so viele Parteien,
die sich bekämpfen, es ist nicht klar,
wen man unterstützen soll**

Linz, 8. Oktober 2015

… E. vom SOS-Haus brachte heute einen syrischen Geflüchteten mit. Der Junge ist achtzehn und lebt seit neun Monaten in Linz, aber komischerweise spricht er sehr gut niederländisch. Er ist klug. Das hört man daran, wie er seine Geschichte erzählt. Seine Familie floh in die Niederlande. Zu ihnen war er unterwegs, als er in einem Zug in Deutschland erfasst wurde. Da wurde er zunächst zurück nach Österreich geschickt. Er schaffte es zwei Jahre illegal in den Niederlanden zu bleiben, da lernte er die niederländische Sprache, dann musste er aber wieder zurück nach Österreich. Er erzählt von seinem Leben in Syrien, von der Schule, von seiner Familie und davon, wie der Krieg alles zerstörte. Seine Erzählung ist beeindruckend, gerade auch weil er im selben Alter ist, wie viele der Student:innen. Von der Flucht selbst spricht er nicht viel, man merkt, dass das schwierig für ihn ist. Eine Student:in fragt, wieso er nicht in Syrien geblieben ist, um für seine Heimat zu kämpfen. „Es gibt so viele Parteien, die sich bekämpfen", antwortet er, „es ist nicht klar, wen man unterstützen soll" …

Aufgestellt in Zweierreihen

Wien–Hamburg, Nachtzug, 9. Oktober 2015

… in Passau hält der Zug an und die Polizei steigt rein. Passkontrolle. Alle Flüchtenden werden aus dem Zug geholt. Ein schreckliches Bild. Aufgestellt in Zweierreihen auf dem Bahnsteig, bewacht von Polizisten. Ich fühle mich an Bilder aus dem Zweiten Weltkrieg erinnert. Das fühlt sich nicht gut an. Was passiert hier gerade in Europa, ist das diese „Willkommenskultur"? Tausende Menschen, vielleicht auch eine Million, kommen nach Europa. Sie wollen nicht nach Russland, nicht nach China, auch nicht nach Afrika, sie kommen nach Europa! Das heißt, so könnte man denken, wir leben am coolsten Ort der Welt. Aber das hier gerade, sieht nach allem anderen aus, als nach einem „coolen Ort" ...

Die Schritte, das Klopfen an den Türen, das Licht der Taschenlampen

Linz–Hamburg, Nachtzug, 31. Oktober 2015

... für diese Nacht habe ich ein Zweierabteil gebucht, weil E. mit mir fährt. Wir hatten eine gute Woche in Linz, in der wir überlegten, ob wir unsere Zukunft dort verbringen möchten. In Passau, circa dreiundzwanzig Uhr dreißig, hält der Zug an und wir hören, wie die Polizei einsteigt. Unsere Kabine wird nicht kontrolliert, aber wir hören die Schritte, das Klopfen an den Türen und sehen das Licht der Taschenlampen, das sich in den Glasscheiben auf dem Bahnsteig spiegelt.

Am nächsten Morgen bringt die Schaffnerin uns Frühstück. Weil ich das Design der kleinen Kabine kritisiere (wie soll man frühstücken können, wenn man nicht auf dem unteren Bett sitzen kann, weil das obere zu tief hängt), lädt sie uns ein, das Abteil oberhalb zu nutzen. Die Luxuskabine für zwei Personen ist leer. Wir fragen, was das für ein Lärm war in der Nacht, und die Schaffnerin erzählt, dass die Polizei sich erkundigt hat, ob sich Flüchtende im Zug aufhalten. Sie hat der Polizei erzählt, dass wir keine Flüchtenden seien, aber die Passagier:innen in der Luxuskabine schon. Deswegen wurden sie aus dem Zug geholt, obwohl sie eine Fahrkarte hatten (und nicht die Billigsten, kann ich sagen). Unser Frühstück können wir, während wir an diese Menschen, die mitten in der Nacht aus ihrem Bett gerissen, in Zweierreihen aufgestellt und in ein Geflüchtetenlager in Passau gesteckt wurden, nicht genießen …

Eine Art Polonaise durch den Bahnhof

Ludwigslust–Berlin, Zug, 21. Februar 2016

… wo sind die Vertriebenen geblieben? Für einige Wochen sah man sie in jedem Bahnhof. In Hamburg versammelten sich große Gruppen von Geflüchteten in der zentralen Halle, begleitet von Freiwilligen in orangenen Westen. Sie sahen sich vor, nicht die Durchgänge zu blockieren, sie standen an der Seite, unter den Treppen, in Viererreihen. Sie warteten auf Züge nach Norden, Richtung Schweden. Wenn ein Zug kam, zogen sie in einer langen Schlange durch den Bahnhof, eine Art Polonaise durch den Bahnhof. Die Begleiter:innen nahmen einen extralangen Umweg, damit die Schlange sich fließend durch den Bahnhof bewegen konnte, in großen Kurven. Wenn die Geflüchteten dann im Zug waren, hingen die Freiwilligen – viele von ihnen etwa achtzehnjährige Mädels – mit den Dolmetscher:innen – meist selbst einst Geflüchtete derselben Altersgruppe – ab. Aber heute sieht man nichts mehr davon. Gibt es weniger Vertriebene? Werden sie über andere Routen geführt? Versteckt vor den Augen der Öffentlichkeit? …

Der Mann, der keinen einzigen Geflüchteten gesehen hat

Berlin–München, Nachtzug, 21. Februar 2016

… in Berlin habe ich einen Mann getroffen, der angeblich noch keinen einzigen Geflüchteten gesehen hat. Er kenne das Problem, habe es im Fernsehen gesehen, in der Zeitung gelesen, aber nicht im realen Leben erfahren. Er wohnt in Weißensee. In Linz ist das Fluchtphänomen auch weniger sichtbar in den vergangenen Wochen. Nicht nur, weil die Grenzen geschlossen sind, sondern auch weil die Student:innen nicht mehr so sehr mit der Analyse des Themas befasst sind. Seit der Semesterpräsentationen Ende Januar, beschäftigen sie sich mehr mit der Überlegung, woran sie im kommenden Semester arbeiten möchten ...

... die gleiche Vernachlässigung von menschlichen Schicksalen zeigt sich in der europäischen Politik. Es wird weniger von Menschen gesprochen, umso mehr hört man Überlegungen dazu, wie „das Problem" zu lösen. Ich wurde Fan von Bundeskanzlerin M., weil sie so menschlich reagierte in einem Interview mit A. W. Dies ist das Europa, in dem ich leben möchte! Ich bewundere die Strategie von Außenminister K., der die österreichischen Grenzen schließen möchte, damit Europa gezwungen ist, selbst eine Lösung zu finden ...

Eine nicht willkommene nahe Zukunft
eines neoliberalen Utopia

Ludwigslust–Flughafen Berlin, Zug, 16. März 2016

...Wir fahren auf Exkursion, um die berühmte „Willkommenskultur" in Brasilien zu erforschen. Ich bin gespannt, was dabei rauskommt. Welches sind die heutigen Regeln, die man braucht, um sich willkommen zu fühlen? Ulrich Beck schrieb über die „Brasilianisierung des Westens", über die Organisation der arbeitenden Gesellschaft, mit all den Haves and Have-nots. Es ist faszinierend, wie das funktioniert, dass es funktioniert, aber nichtsdestotrotz interpretiert er die „Brasilianisierung" als eine Warnung vor einer Richtung, die wir in Europa nicht einschlagen sollten. Beck spricht von einer nicht willkommenen nahen Zukunft eines neoliberalen Utopia. Er nutz mit Absicht das Wort Utopia. Damit setzt er den Neoliberalismus auf eine Ebene mit Kommunismus und Sozialismus. Diese beiden letzten Ismen haben nicht überlebt, weil das Versprechen von deren Utopie nicht mit der Realität übereinstimmte. Und das Gleiche passiert jetzt mit dem Neoliberalismus. Wie ich es damals der Zeitung entnommen habe, gab Alan Greenspan schon nach der Finanzkrise 2008 zu, der Grundsatz von neoliberalem Denken, dass Konsument:innen nicht kaufen, was sie nicht mögen, sei offensichtlich nicht wahr. Konsument:innen kaufen alles, auch Zeug, das sie nicht haben wollen; von Klamotten, die von Kindersklaven hergestellt werden, bis zum Gammelfleisch, echt alles! Damit ist also die neoliberale Idee gestorben, das Konsument:innen den freien Markt kontrollieren …

… zurück zur unwillkommenen Brasilianisierung. Das Urban Planning in São Paulo zeigte mir während meines Praktikums 1990, dass nicht mehr länger die europäische Planung Vorbildcharakter für die Stadtplanung hat, so wie ich das mal an der Uni gelernt hatte, sondern dass São Paulo, und damit die südamerikanische Planung, den Ton angibt. Es ist São Paulo, wo man die zukünftigen Richtun-

gen der Improvisation, spontane Entwicklungen, Vernachlässigung des öffentlichen Raums, das Zurückziehen der
Regierung beobachten kann …

… wo die Superreichen hinter einem Zaun leben, in
geschlossenen Condominia, kontrolliert vom eigenen
Sicherheitsdienst und wo die Superarmen in ihren Fave-
las wohnen, direkt auf den Müllhalden der Stadt. Beide
Welten, denke ich, sind Beispiele für eine unwillkommene
Urbanisierung …

„Geh zurück in dein eigenes Land!"
ist ein Satz, den man in Brasilien nicht hört

Lissabon, Flughafen, 16. März 2016

… den Fakt, dass Integration in Brasilien tief verwurzelt ist.
Europäische Immigrant:innen, afrikanische Sklav:innen,
indigene Ureinwohner:innen, sie alle leben seit Jahrhunderten miteinander. Im Schnitt sieht man, dass die Hautfarbe
mit Reichtum und Armut verknüpft zu sein scheint.
Vielleicht ist das wahr und ein Argument gegen die Willkommenskultur in Brasilien. Offenbar sind nicht alle gleich
willkommen. Aber ein gefährlicher Satz, den man in Europa
aktuell wieder häufig hört, „Geh zurück in dein eigenes
Land!" ist ein Satz, den man in Brasilien nicht hört …

Auch der Geruch der Stadt kann ein Ausdruck von Willkommenskultur sein, der Geschmack von Essen, der Ausdruck in den Augen der Menschen

Fortaleza, Apartment, 17. März 2016

... wir sind mit einem guten Team von space&design-STRATEGIES-Student:innen hier. Ich hoffe wir finden eine breite Palette an Aspekten der Willkommenskultur. Nicht nur die politischen und sozialen Aspekte, auch der Geruch der Stadt kann ein Teil von Willkommenskultur sein, der Geschmack von Essen, der Ausdruck in den Augen der Menschen ... Vielleicht treffen wir auf Ideen, die uns helfen, die aktuell in Europa geführte „Flüchtlingsdebatte" – „Krise" wird sie schon genannt – mit neuen Argumenten zu bereichern und ein besseres Europa zu schaffen ...

... beim Geschosswohnungsbau geht es um Privatisierung. Beim Eintreten kommt man an einem Pförtner vorbei, nicht bewaffnet. In dem Moment, in dem man reinkommt, fühlt man sich sicher. Mit verdunkeltem Glas und einem schmalen Streifen grünem Garten zeigt das Gebäude der Öffentlichkeit sein „Gesicht". Die Gehwege in São Paulo sind privat, was bedeutet, dass sie zum Gebäude gehören. Deswegen sehen sie alle so unterschiedlich aus. Einige sind gut gepflegt, die meisten sind kaputt, weil Autos darüberfahren und dort parken, weil Bäume mit ihren Wurzeln den Asphalt aufbrechen oder das Regenwasser sie überflutet. Die Straßen sind asphaltiert, aber die Autofahrer:innen fahren Slalom um große Löcher und hupen andauernd. Diese Löcher erzählen die Geschichte der Privatisierung, niemand kümmert sich um sie. Gilberto Freyre schrieb in *Sobrados e Mocambos* über die eisernen Gitter, die die Fenster abriegeln, sie seien so alt, wie die Stadthäuser selbst. Frauen und Hausklav:innen war es im siebzehnten Jahrhundert nicht gestattet, das Haus zu verlassen, also baute der Hausherr Zäune und Mauern. Das Haus und die öffentliche Straße waren verfeindet. Frauen durften sich nicht einmal zeigen, wenn Gäst:innen da waren. Die Privatsphäre war jahrhundertelang sehr wichtig und ist es noch immer …

Hier geht es nicht um Willkommensein oder Nicht-Willkommensein, es geht um Ignoranz

Fortaleza, Apartment, 18. März 2016

… eigentlich sieht der öffentliche Raum aus, als ob niemand sich darum kümmert. Hier geht es nicht um Willkommensein oder Nicht-Willkommensein, es geht um Ignoranz. August Willemsen schrieb in *Braziliaanse brieven* wie unglaublich es sei, dass nicht nur Rassismus und

Sklaverei in Brasilien ganz selbstverständlich akzeptiert würden, sondern auch, dass *alles* möglich sei: die Luft verschmutzen, den Ausblick verderben, unethische Werbung, einen Führerschein kaufen und so weiter. Obwohl er dies schon in den Siebzigern festhielt, treffe ich auch heute auf Beispiele für seine Worte:

- Rassismus gibt es in einer modernen Variante. Er zeigt sich im Zimmer der Empregada, der Haushälterin, das immer noch in heutigen Wohnungen eingebaut ist.
- Es gibt die Verschwörungstheorie, dass die Wasserverschmutzung das Zika-Virus verursacht hat.
- Das Nachbarhaus, das direkt vor unser Fenster gebaut wurde, blockiert die Aussicht, wie auch unser Wohnblock die Aussicht der hinter uns wohnenden Nachbar:innen blockiert.
- In den Nachrichten wird ein schrecklicher Unfall gezeigt, ein Fahrradfahrer, der von einem Auto überfahren wurde. Der Kopf des Radfahrers ist zur Wahrung der Persönlichkeitsrechte verpixelt, aber alle andere Details werden in Nahaufnahme gezeigt.
- Busfahrer:innen versuchen die Fahrgäst:innen durchzuschütteln, indem sie maximal beschleunigen und bremsen.
- Gerade läuft wieder ein Amtsenthebungsverfahren gegen Lula, er wurde wieder Minister, um nicht ins Gefängnis zu müssen. Ich las, dass sechzig Prozent aller Minister:innen im Gefängnis sein würden, wären sie keine Minister:innen …

Schöne Strände und sonniges Wetter

Fortaleza, Strand, 19. März 2016

… Samstagmittag. Ich bin mit einigen Student:innen am Strand. Es ist gut, ihre ersten Eindrücke zu hören. Sie haben ähnliche Beck'sche Brasilianisierung-des-Westens-Erfahrungen gemacht. Die Menschen hier scheinen nicht wirklich entspannt zu sein, trotz schöner Strände und sonnigem Wetter … Sie wirken eher angespannt, überarbeitet und ängstlich. Wir waren gestern in einer Kneipe, wo es aussah, als ob die Menschen nur zu viel trinken würden, damit sie gut einschlafen könnten, nicht weil sie den Feierabend oder das Leben genießen wollen. Und es sind nicht nur „die Armen", die trinken damit sie die harte Arbeitswoche überstehen. Auch der Mittelstand, den wir in unserem Geschosswohnhaus treffen …

NATO-Draht, Schlösser und sowas

Fortaleza, 25. März 2016

… entschuldige, dass ich mich erst jetzt melde. Wir haben echt hart gearbeitet in den letzten Tagen. Am ersten Montag habe ich den Student:innen aufgetragen, Skizzen von allen Not-Welcome-Erfahrungen zu machen. Das war gut. Allerdings fingen einige sofort damit an, nach Lösungen zu suchen, quasi Kunst zu machen. Im Nachbarhaus des Museums gibt es einen Eisenwarenladen, dort werden NATO-Draht, Schlösser und sowas verkauft. Die Student:innen wollten gleich dorthin. Aber wir sind hier, um zu forschen, nicht um zu zeigen, dass wir Künstler:innen sind. Ich habe sie davon überzeugt, dass wir erst denken müssen, nicht gleich bauen …

Es ist eben nicht so geworden, wie wir es uns erhofft hatten

Linz, 20. April 2016

… letzten Oktober, beim Semesterstart, dachte ich echt, dass die Student:innen das SOS-Menschenrechte-Haus renovieren würden, zusammen mit den Menschen, die dort wohnten. Die Voraussetzungen waren perfekt. Die fünfundzwanzig Zimmer, jeweils bewohnt von zwei Personen, sollten von fünfundzwanzig Bachelor-Student:innen renoviert werden. Die Bewohner:innen sollten sozusagen als Auftraggeber:innen auftreten und den Student:innen ihre Wünsche mitteilen. Die sollten dann in improvisierte Vorschläge ausgearbeitet werden.

Aber schnell wurde klar, dass dieses Vorhaben einen Tick zu naiv war. Die Student:innen beschweren sich über die

Geflüchteten mit den gleichen Argumenten, mit denen wir uns über die Student:innen beschweren: Sie kommen den Absprachen nicht nach, sind zu spät, zeigen kein Interesse und so weiter. Aber allem voran sind sie schockiert von der Akzeptanz, die die Geflüchteten in ihrer Situation zeigen. (Natürlich sollte ich hier eigentlich nicht verallgemeinern.) Es ist eben nicht so geworden, wie wir es uns erhofft hatten. Vielleicht hatten wir gehofft, dass die Bewohner:innen froh sein würden, dass wir kamen. Dass sie freudig darauf warteten, dass wir ihre Wohnsituation verbesserten …

Eine Geschichte von zwei „naiven" europäischen Mädchen, die ein Zimmer für zwei „naive" afrikanische Jungs renovieren

Linz, 20. April 2016

… du wirst die Arbeit von M. und L. in der Ausstellung sehen, wo dieser Konflikt sehr deutlich gezeigt wird. Es ist eine interessante Geschichte von zwei „naiven" europäischen Mädchen, die ein Zimmer für zwei „naive" afrikanische Jungs renovieren. Bei jedem Termin mussten die Mädchen fünf Minuten an die Tür klopfen, bevor die Jungs aufmachten, in Unterhose, weil sie noch im Bett gelegen hatten. Die Vorschläge für die Renovierung sind typisch für die meisten Ideen, die die Student:innen (und auch ich)

Anfang Oktober noch hatten. Auf der Basis der Gespräche, die sie bei ihren Treffen geführt hatten, fanden sie Anknüpfungspunkte für ihre Design-Idee. Diese beinhalteten einige Rückgriffe auf „afrikanische Elemente", um „sich Zuhause zu fühlen" und ein bisschen IKEA-Flair für das „Europa-Feeling". Eine Gardine mit aufgedruckten Regeln der deutschen Grammatik, handgemacht, sie erinnert an eine alte Schultafel. An der Wand Verse von Goethe, für die „Integration in die deutsche Kultur". Du wirst das als typisches Gutmenschdenken einstufen, das auf Anbieten und Annehmen von Hilfe basiert …

Sie verlangen etwas zum Essen

Linz, 20. April 2016

… am 11. November riefen die SOS-Menschenrechte mich an und fragten, ob wir zwölf Geflüchtete unterbringen könnten. Es standen Hunderte am Bahnhof in Linz. E. von SOS machte wahnsinnig gute Arbeit und fand für fast alle eine Unterkunft. Jedes freie Bett in der Stadt hat sie belegt. Obwohl das Rektorat es verbietet, Geflüchtete in der Uni aufzunehmen (es ist generell nicht erlaubt, in der Uni zu übernachten), war ich einverstanden. Ich mache einen Achtundvierzig-Stunden-Unterrichtsmarathon daraus, damit das Übernachten auch als Teil meines Lehrprogramms gewertet wird. Dies sind die Momente, in denen ich es genieße, an einer Kunstuniversität zu arbeiten.

Wir organisieren einige Student:innen, die Betten bauen und etwas zum Essen vorbereiten. Es kommen zwölf Geflüchtete, die meisten sind aus dem Iran. Weil auch wir einige iranisch-stämmige Student:innen haben, ist die Kommunikation einfach. Aber genau das verursacht sofort die erste Reibung in unserem Gutmenschverhalten. Die Geflüchteten sind überhaupt nicht glücklich mit unserem improvisierten Schlafsaal, sie hatten ein kleines „Paradies" erwartet. Eine lebendige Debatte entsteht. Unter den Geflüchteten ist ein Pärchen. Der Mann erzählt, sie seien zum Einkaufen und in der Hoffnung auf ein gutes Leben nach Europa gekommen. Ihre Beziehung scheint eher altmodisch, er redet, sie sitzt daneben und schweigt. Unsere Student:innen, die ein wenig emanzipierter sind, streiten sich mit ihm darüber, wie unvernünftig es sei, sein Leben zu riskieren und eine schwangere Frau in einem Schlauchboot über das Mittelmeer mitzunehmen. Am zweiten Abend, als die Geflüchteten wiederkommen, fragen sie nach etwas zum Essen. Oder, ich muss vielleicht eher sagen, sie verlangen etwas zum Essen. Die Student:innen hatten eine Suppe gekocht und beschweren sich darüber, dass ihnen dafür keine Dankbarkeit entgegengebracht wird. Als ob die Geflüchteten nicht sahen, was sie für sie taten. Es ist interessant, zu lesen, was Slavoj Žižek in der *Zeit* vom 7. April schrieb: „[...] dann sticht an ihrer Analyse, so respektvoll andren gegenüber sie sich auch geben mag, ein eklatanter, gönnerhaften Rassismus ins Auge. Sie reduziert nämlich den Anderen auf ein passives Opfer und spricht ihm jede eigene Zielsetzung ab" …

Ich erlebe hier viel positive Diskriminierung

Linz, 21. April 2016

… ist Integration dann ein Erfolg, wenn man als „ursprüngliche:r Einwohner:in" die Gewohnheiten von Immigrant:innen übernimmt? Als Gastprofessor an der HfbK, das ist schon ein paar Jahre her, war mein Deutsch eher miserabel – und die Student:innen übernahmen einige meiner Fehler. Das war natürlich lustig und irgendwie auch ein Kompliment. Aber gleichzeitig wurde mein Deutsch dadurch nicht besser. Ich habe mal gelesen (ich finde noch heraus, wo genau), dass Integration dann einfacher ist, wenn das Land aus dem du kommst keine (vermeintliche) Bedrohung für das Land darstellt, in das du gehst – auch wenn sich dies im Unterbewusstsein abspielt. Also, weil die Niederlande keine Bedrohung für Deutschland sind (nicht mal mehr im Fußball), ist es für die Deutschen einfach, die Niederländer:innen zu lieben. Die andere Richtung ist allerdings schwieriger.

Ich erlebe hier viel positive Diskriminierung. Wenn ich mit meiner niederländischen Familie die Großeltern in den Niederlanden besuchen möchte und die Kinder in der Schule für einige Tage abmelde, ist das nie ein Problem. Ich schreibe einen Entschuldigungszettel in meinem schlechten Deutsch, lasse ihn von meiner Kinder mit einem Rotstift korrigieren und gebe ihn so den Lehrer:innen. Klappt immer! Gleichzeitig ist es einem russischen Kind aus derselben Schulklasse nicht erlaubt, schon einige Tage vor den Ferien nach Russland zu fahren, weil es dann zu viel Unterrichtsstoff verpassen würde …

Ich stelle fest, dass ich nicht so verärgert darüber bin, wie ich es sein sollte

Wendorf, 3. Mai 2016

… Österreich bekommt vielleicht einen populistischen Präsidenten aus dem rechten Flügel, die deutsche AfD erklärt, der Islam sei kein Teil deutscher Kultur, und ich stelle fest, dass ich nicht so verärgert darüber bin, wie ich es sein sollte. Ich mache, was die meisten meiner Student:innen auch machen, konzentriere mich auf die künstlerische Arbeit, mache unser Jahresthema „ausstellungsfähig". Es sind nur noch wenige Student:innen, die sich mit der Analyse beschäftigen. Es sollte mich wohl nicht wundern, dass

die extrem Rechten immer mehr Anhänger:innen gewin-
nen. Wenn schon ich, aus der „kritisch-linken Kunstszene",
langsam nach rechts rücke, ist es klar, dass unsere Gesellschaft im Allgemein das auch tut. Und ich realisiere, dass es
zurzeit wichtiger ist, denn je, die aktuellen Entwicklungen
von der Mitte heraus zu betrachten …

**Das Entscheidende ist nicht die Frage,
ob ich mich nach rechts bewege, sondern dass
alle Gedanken, Zweifel und Fragen, die ich habe,
als konservativ interpretiert werden**

Wendorf, 4. Mai 2016

… gestern schrieb ich dir, dass ich politisch nach rechts
rücke. Aber ich vermute, das Entscheidende ist nicht die
Frage, ob ich mich nach rechts bewege, sondern dass alle
Gedanken, Zweifel und Fragen, die ich habe, als konservativ interpretiert werden (auch von mir selbst) …

… letzte Woche präsentierte eine unserer türkisch-stäm-
migen Student:innen eine Arbeit über Jungfräulichkeit.
Ich fand es schwierig, über dieses Thema zu diskutieren.
Ich wollte nicht, dass sie sich in eine Art Böhmermann-
Position bringt und von der türkischen Community ange-
griffen wird. Ich habe ihr geraten, vorsichtig zu sein, weil

ich nicht der Meinung bin, dass Angriff eine gute Strategie ist. Ich mag dieses naive, pubertäre Verhalten nicht und ich möchte bestimmt nicht, dass es eine space&design-STRATEGY wird. Ich habe mir das Schmähgedicht angesehen und auch wenn es Satire ist, ich finde es zeugt von schlechtem Geschmack und ich bevorzuge es, ein Minimum an Anstand aufrecht zu erhalten. Die Student:innen sind (zum Glück) nicht alle meiner Meinung. Aber ich mag zum Beispiel auch Tarantino nicht. Kann sein, dass seine Kritik an Gewalt aufrecht ist, aber ich mag nicht, dass er sie mit noch brutalerer Gewalt verbildlicht …

Auf dem Marmorboden hatten die Pferde keinen Grip

Wendorf, 8. Mai 2016

… als ich sechzehn war, bin ich aus der katholischen Kirche ausgetreten. Bis dahin ging ich jede Woche in die Kirche, schon mit einigen Zweifeln, klar. Und beim Besuch des Papsts in den Niederlanden musste ich dann rennen, um den Schlägen der Polizist:innen zu entkommen, also entschied ich, auszutreten. Nur damit das klar ist: Ich lief nicht in einer rechten oder linken politischen Ecke, ich befand mich in eine Gruppe von Müttern um die Fünfundvierzig, die für das Recht ihrer homosexuellen Kinder demonstrierten, Teil dieser Religionsgemeinschaft zu sein. Die Polizei hatte Pferde und Schlagstöcke. Wir entkamen, weil wir in ein Einkaufszentrum rannten. Auf dem Marmorboden hatten die Pferde keinen Grip (das erste Mal, dass ich ein Einkaufszentrum mochte). Anscheinend hat sich seit den Kreuzzügen nicht genug geändert. Und, wie ich vermute, bin ich auch nicht in der Lage, wirklich etwas zu verändern. Ich bin also heute ein wenig besorgt (Understatement). Eine Million Muslim:innen flüchten vor dem IS. Und der kämpft mit ganz anderen Waffen im Namen der gleichen Religion, die auch die Muslim:innen praktizieren. Und darüber, ob man aus dieser Religion austreten sollte, wird vielleicht zu wenig diskutiert und auch darüber, wie diese Extremen zu bekämpfen sind …

… von meinen diversen Studentenjobs, bei denen ich auch oft als Putzkraft unterwegs war, erinnere ich mich noch gut daran, dass die meisten meiner damaligen Kolleg:innen Migrant:innen waren. Die meisten kamen aus Dörfern aus Griechenland, der Türkei und Marokko. Die hohe Arbeitslosigkeitsrate auf dem Land – oder war es die Aussichtslosigkeit? – passte gut zum Mangel an Arbeiter:innen in nordeuropäischen Großstädten. Der Konsequenz ist, dass wir ein konservatives Bild von diesen Ländern bekommen, die progressive Seite vom urbanen Leben erreichte uns nicht. Letzte Woche las ich ein Interview in der *Zeit*, in dem ein aus Syrien nach Deutschland Geflüchteter erzählte, er habe in Deutschland zum ersten Mal eine Frau mit Kopftuch gesehen. Hier, in Deutschland, ja, aber noch nie in Syrien. Und dann berichtete ein Mädchen, das aus dem Iran nach Deutschland gekommen war, sie hätte eine Frau in einer Burka gesehen und ihre Mutter fragen müssen, was das sei. Im Iran hatte sie nie jemanden in einer Burka gesehen. Ihre Mutter hatte Deutschland vor dreißig Jahren zuletzt besucht und immer von diesem modernen Land erzählt. Aber gerade erinnere es sie eher an die Dörfer im Iran …

**Der Versuch, mit den Menschen
in Kontakt zu treten, der Versuch
zu verstehen, was sie möchten,
was sie denken, was sie erwarten**

Linz, 10. Mai 2016

… es kommen immer mehr Vorschläge für Geflüchtetenunterkünfte: hip gestaltete Container, billige Sozialwohnungen, Tiny Houses, sogar umgebaute Turnhallen und durchgeplante Lager, in denen Vertriebene wohnen sollen. Manchmal gemeinsam mit Student:innen, Obdachlosen oder Bedürftigen im Allgemein. Mein erster Zweifel: Wer möchte in einer Unterkunft leben, die das Stigma „Flüchtling" ausstrahlt? Integration ist das nicht. Mein zweiter Zweifel: Wie kann es sein, dass diese Vorschläge ernsthaft als Lösungen präsentiert werden? Sie zeugen von so begrenztem Denken. Als ob das Problem endet, wenn man ein schönes Haus auf Papier gestaltet. So wären die Architekt:innen ihrer Verantwortung natürlich vollumfänglich nachgekommen ...

... um auf space&designSTRATEGIES zurückzukommen: Ich mag, was wir in Gottsbüren gemacht haben, ich bin eigentlich sogar sehr stolz auf das, was wir da geschafft haben. Tief in dieses Dorf einzutauchen und einen Monat vor Ort zu forschen, zu zweifeln und das zeitgenössische Dorfleben zu revidieren, zu improvisieren und zu bauen. Sehr pragmatisch – to perform urbanism.

Und Ähnliches machen wir mit „Not Welcome!" Wir, space&designSTRATEGIES, zweifeln, denken, überdenken die Willkommenskultur. Wir üben sie, wir spielen sie, wir leben sie. Wir kochen mit Geflüchteten, wir debattieren mit ihnen, wir renovieren das SOS-Menschenrechte-Haus zusammen – wenigstens haben wir es versucht. Dass nicht alles genauso gekommen ist, wie wir es am Anfang erwartet hatten, kann ich akzeptieren. Nicht schöne Entwürfe von glänzenden Geflüchtetenunterkünften sind das Ziel, sondern der Versuch, mit den Menschen in Kontakt zu treten, der Versuch zu verstehen, was sie möchten, was sie denken, was sie erwarten, das sind die wichtigeren Fragen. Und zu realisieren, wie unfassbar schwierig ihre Situation ist. Deswegen waren alle Student:innen ein wenig trübsinnig an Weihnachten. Bei unserem Achtundvierzig-Stunden-Unterrichtsmarathon war der Moment gekommen, in dem wir realisierten, wie delikat es sein kann, unterschiedliche kulturelle Hintergründe zu haben und wie wichtig Kommunikation ist …

… in unserem Gottsbüren-Projekt letztes Semester, habe ich geschrieben, dass das Urbane den ländlichen Raum schon längst eingenommen hat. Das Dorfleben ist ein soziales Konstrukt von Großstädter:innen mit einem romantischen Blick auf das Landleben, der mit der Realität nicht sehr viel zu tun hat. Aber kann es andersherum auch so sein, dass das Land die Stadt übernommen hat? Wenn die Migrant:innen in der Stadt aus ländlichen Regionen kommen, wie Douglas Saunders in *Arrival City* behauptet, kann es dann sein, dass der eher altmodische Lebensstil vom Land mehr Einfluss in der Stadt hat, als wir denken? Dies ist auf eine gewisse Art genau das Gegenteil von dem, was Jane Jacobs in *The Economy of Cities* erklärt, wenn sie schreibt, dass die Modernisierung der ländlichen Regionen eine urbane Erfindung sei. Erleben wir eine Konservatisierung der Städte vorangetrieben durch ländliche Immigration? …

Und weil fliegen in englischer Sprache diese doppelte Bedeutung hat, kommt eine faszinierende (aber auch sehr zynische) Analogie zum Vorschein

Wendorf, 17. Mai 2016

… der Vorschlag, den du mit A. gemacht hast, ist gut, M. Ein Atlas: vom Landverlassen, über die Gebiete die man durchquert, welche Route man nehmen soll, welche Werkzeuge man benutzen soll, um die Barrieren zu durchbrechen, und wie man sich im Warteraum des jeweiligen Ankunftslands verhalten sollte. Es erinnert mich irgendwie an den *Atlas of Birds Migration* von Jonathan Elphick und einer internationalen Gruppe von Ornithologen über die globale Migration von Vögeln. Sie nutzen ungefähr die gleichen Kapitel. Und weil fliegen in englischer Sprache diese doppelte Bedeutung hat, es bedeutet auch flüchten, kommt eine faszinierende (aber auch sehr zynische) Analogie zum Vorschein. Zu Flüchtenden und den verschiedenen Migrationsphasen. Vor allem die Zwischenüberschriften des Buchs sind überraschend akkurat, ersetze „Vögel" mit „Fliehende Menschen" und es sieht so aus, als ob Flüchten eine ganz natürliche Sache ist. Ich versuche, mich mal an einer freien Übersetzung: **Vorbereiten auf die Reise** Fett, fit und mit neuen Federn, die Vögel sind bereit, die Migration durchzuführen. **Timing** Die Entscheidung, wann am besten geflogen werden sollte, ist eine knifflige Angelegenheit.

Orientierung und Navigation Ankommen setzt voraus, in die richtige Richtung zu fliegen. **Route und Barrieren** Keine Barriere ist unüberwindbar, wenn die Migrationsroute schon über Generationen hinweg bekannt ist. **Ruhepunkte** Um eine erfolgreiche Migration zu gewährleisten, müssen Pausen eingelegt werden. **Bedrohung und Schutz** Menschliche Aktivitäten sind die größte Bedrohung für die Vögel und zugleich die einzige Lösung für ihre Probleme. Und im Kapitel über Enten steht: „Wer zuerst kommt, mahlt zuerst" …

Grüne Städte in einem blauen, konservativen ländlichen Raum

Vianen, 23. Mai 2016

… die Wahlergebnisse für A. V. d. B. und N. H. stimmten genau mit der Karte von Österreich überein: grüne Städte in einem blauen, konservativen ländlichen Raum. Letzte Woche las ich in der *Süddeutschen* von einem deutschen Professor, der in den Sechzigern in Afghanistan unterrichtete. Er hat sehr schöne Bilder vom alltäglichen Leben gemacht, einige Familienfotos mit seiner Tochter. Was man sieht, ist ein moderner Lebensstil: Schulmädchen in kurzen Röcken, einige mit und einige ohne Kopftuch, Männer und Frauen gemischt in einem Bus und auch seine Töchter sind in sehr „westlicher" Kleidung, mit nackten Schultern und Waden, zu sehen. Die Fotos zeichnen ein Bild, das wir vom Europa der Fünfziger gut kennen: ein Land auf dem Weg in die Moderne. Der Artikel thematisierte auch, dass in urbaneren Gegenden das Leben moderner wurde und Religion nicht mehr so ein wichtiges Thema war. Die Burka, schrieb er, habe man nur auf dem Land gesehen …

Von „Wir schaffen das"
bis „Wir sind das Volk"

Wendorf, 27. Mai 2016

… weil ich generell das Gefühl hatte, konservativer zu werden im Laufe des letzten Jahres, habe ich die Student:innen darum gebeten, ihre eigene Positionen auf einer Skala von „Wir schaffen das" bis „Wir sind das Volk" einzuzeichnen. Ich wollte wissen, in welchem Modus sie Anfang Oktober waren, als das Semester begann und die Geflüchteten im Hauptbahnhof willkommen geheißen wurden. Und wie sie sich selbst nach einem Monat positionieren würden, nachdem wir unseren Achtundvierzig-Stunden-Unterrichtsmarathon hinter uns hatten, und was sich geändert hatte, nach unseren Erfahrungen mit der Renovierung des SOS-Hauses. Ich fragte, ob und wie die Ereignisse der Silvesternacht und die jüngste Schließung der Grenzen Österreichs ihre Meinung beeinflusst haben. (Ich lobte vor einer Weile S. K., weil er die Grenzen schloss, denn ich dachte, er würde sie wieder öffnen, wenn seine Strategie erfolgreich wäre. Aber das machte er nicht.)

Ich erwartete viele Kurven von den Student:innen, die sich nach rechts bewegen würden, aber das kam nur in zwei Fällen vor. Es zeigte sich ein sehr diverses Bild, viele Kurven gingen erst nach rechts, aber dann zurück in eine moderate linke Position. Einige waren komplett gerade und unbeeindruckt, einige wölbten sich ohne große Änderungen. Nur eine Person bewegte sich von rechts zur Mitte. Am Ende sah die Kurve wieder genauso aus wie am Anfang. Was bedeutet das? Lag ich mit meinen Erwartungen, dass wir konservativer geworden sind, daneben, oder ist rechtes Denken akzeptierter geworden? …

Was sich gut ablesen lässt, ist, dass es scheinbar möglich ist, die Position zu ändern, zu zweifeln, zu zögern, zu denken und zu überdenken. Was das für die Zukunft bedeutet? Ich würde sagen: Sei herzlich Willkommen in unserer Ausstellung „Not Welcome" und nutze alle Argumente, die wir zeigen, um die Debatte zurückzuführen in die Mitte unserer reizenden Gesellschaft!

Liebe Grüße
Ton

Suburban Ark

Lieber N.,

Sie lebten in einer Zeit, lange bevor es Computerprodukte gab. Um die essenziellen Bestandteile Ihrer Welt vor der Sintflut zu retten, mussten Sie zwei Tiere jeder Art mit auf die Arche bringen. Ich möchte Ihnen heute von der „Suburban Ark" erzählen.

Die „Suburban Ark" ist wie eine schwimmende Insel, auf der alles zweifach vorhanden ist. So werden dort Lebensmittel angepflanzt und hergestellt sowie Tiere gehalten. Handys, Computer und die Beleuchtung funktionieren prima mithilfe des Zwölf-Volt-Stromnetzes, das durch alternative Wind-, Sonnen- und Wasserenergie genährt wird. Die Arche muss dadurch nicht physisch mit dem Festland verbunden sein. Erreichbar ist sie per Boot oder übers Eis – manchmal ist sie also auch unerreichbar. Um auf Katastrophen vorbereitet zu sein, gibt es an Bord natürlich alles doppelt. Es stehen zwei Kaffeemaschinen, zwei Waschmaschinen, zwei Mikrowellen, aber auch zwei Dosen Kaffee, zwei Säcke Zucker, zwei Packungen Biskuit, zwei Päckchen Waschpulver und zwei Kisten Butter zur Verfügung – das Überlebensequipment der heutigen Zeit.

Die „Suburban Ark" führt damit die zwingenden Folgen der heutigen Infrastruktur ans Tageslicht. Im Zentrum der Parzellierung von Vorstadtsiedlungen steht nicht das Glück der Bewohner:innen, sondern die Effizienz der Infrastruktur. Sobald das erste Neubauviertel geplant und die ersten Stromkabel im Boden vergraben sind, folgen automatisch Dutzende Wasser- und Abwasserleitungen, Straßen mit Laternen, Parkplätze, Container für Grün-, Braun- und Weißglas, für Papier- und Biomüll, Sammelplätze für gelbe Säcke, manchmal auch ein paar Bäume – ein komplettes Infrastrukturpaket, das uns ein komfortables Leben ermöglicht. Alles funktioniert so reibungslos, dass die meisten Menschen keine Vorstellung mehr davon haben, was sich hinter den Kulissen der Gesellschaft abspielt. Wir leben sozusagen wie Truman in seiner Suburb-Show. Mit dem Klimawandel und dem steigenden Meeresspiegel bleibt nun die Frage, ob wir das Versorgungsniveau aufrechterhalten können. Wie hoch soll man Deiche bauen, damit das Leben dahinter sorglos weitergehen kann?

Das Projekt „Suburban Ark" schließt an den Gedanken an, der Wasserhaushalt in den Niederlanden müsse dynamisch aufgefangen werden – zum Beispiel mit Retentionsbecken, in die Wasser eingelassen wird, um anderswo Überschwemmungen zu verhindern, und die Wasser auslassen, wenn ein Mangel herrscht. Der Wasserspiegel ist somit nicht konstant, sondern manchmal sehr hoch und manchmal extrem niedrig. Wenn nicht, wie es bei den bekannten Hausbooten in den Grachten der Fall ist, für einen fest regulierten Wasserstand gesorgt ist, wird es für die Wohnungen in solchen Gebieten anderweitige Lösungen brauchen. Floating Appartements in Retentionsbecken zeigen bereits eine Dynamik, die, im Gegensatz zu den heutigen gesellschaftlichen Entwicklungen im Wohnungsbau, von natürlichen Elementen beeinflusst wird: vom Wasserstand, von Wind und Sturm, von Frost und Eis. Ebendiese Elemente stellen ganz eigene Bedingungen an Erscheinungsform und Erreichbarkeit.

In der üblichen Denkweise folgt hier der Versuch, diese Probleme mithilfe von Technologie unbemerkt und unsichtbar zu lösen. Auf der „Suburban Ark" wird hingegen versucht, gerade *mit* diesen Unsicherheiten ein Überlebensmodell zu generieren. So führt ja zum Beispiel in Venedig das regelmäßig zurückkehrende Hochwasser dazu, dass man als Bewohner:in immer Stiefel dabeihat, oder ein temporär erhöhter Gehweg gebaut wird – pragmatische (teils improvisierte) Lösungen für ein Problem, die sogar Teilbestand einer Kultur werden können. Auf der „Suburban Ark" sind Testinstallationen für lokale Windenergie, Süß- und Salzwasserenergie und Energiegewinnung durch Gärung aufgebaut. Ziel ist es, aus verschiedenen Quellen Energie zu erzeugen, damit das Angebot nicht nur abgesichert ist, sondern ab und zu sogar ein Überangebot an Elektrizität entsteht.

Energiesparen mag zwar ein ehrenwertes Bestreben sein, trotzdem haben die letzten dreißig Jahre bewiesen, dass wir es nicht können. Auf unserer Arche gilt das Streben der nachhaltigen (Energie-)Verschwendung. Zu diesem Zweck gibt es an Bord eine Reihe von Produktionsmöbeln, mithilfe derer man sich selbst versorgen kann und die unabhängig von Kabeln und Leitungen funktionieren.

Die „Free-Range-Möbel" gründen auf dem Gedankengut der Sechziger- und Siebzigerjahre, in denen auf Umwelttechnologien gestützte Freiheit und Autarkie wichtige Aspekte waren. Mehr Freiheit entsteht dann, wenn die erzwungene Abhängigkeit von Kabeln, Rohren und Leitungen aufgehoben wird. Das gilt sowohl für die Wahl des Standorts einer Wohnung als auch für ihre Einrichtung. Küche, Toilette oder Badezimmer sind nicht länger von Steckdosen, Wasserleitungen oder Abflussrohren abhängig und damit auch nicht von dazugehörigen Vorschriften. Die „Free-Range-Möbel" lösen sich aus dem baulichen Kontext und lassen sich wie einzelne Möbelstücke frei im Raum aufstellen. Umwelttechnologien, die auf Selbstversorgung ausgerichtet sind, werden eingesetzt und machen den Prozess der Wasserreinigung, der Kompostierung und der lokalen Energiegewinnung im Entwurf unsichtbar.

Im „Free-Range-Sink" wird das Abwasser mithilfe von Stroh, Perlit und Helophythenpflanzen gesäubert. Danach ist dieses wieder zum Abwasch geeignet. In der Komposttoilette wird, anstelle von Wasser, nach jedem Toilettengang eine Handvoll Stroh in die Schüssel gestreut. Die Kompostierung durch aerobe Bakterien liefert jedes Jahr eine stattliche Masse an Kompost, der wiederum im Gemüsegarten gebraucht wird. Hier wächst saisonales Gemüse im jährlichen Fruchtwechsel: Tomaten, Paprika, Bohnen, Kartoffeln, Erdbeeren. Der „Fridge on Ice" wirkt wie ein großer Eisklotz. Dieser schmilzt im Laufe der Woche und hält den Schrank kühl. Die Temperaturen im Schrank eignen sich zum Aufbewahren von Gemüse, Obst, streichzarter Butter oder Weißwein. In der „Altpapierbrikettpresse" werden kostenlos gelieferte Werbebroschüren und gelesene Zeitungen zu Papierbriketts verarbeitet. Das liefert den Brennstoff für den kleinen Ofen, in dem ein Feuer Energie zum Kochen bereitstellt und das gleichzeitig eine gemütliche Wärmequelle für die Küche ist. Im „Hühnerschrank" aus massiver Eiche leben drei Hühner. Der aktuellen europäischen Norm zufolge sind es Freilandhühner. Ein Auslauf, ein Brutkasten mit Gardinen (Hühner legen ihre Eier gerne im Dunkeln) und ein Eierauffang sind im traditionellen Küchenschrank mit Geschirr, Vorrat und allem, was sonst noch darin Platz findet, kombiniert. Außerdem haben frisches Stroh und Hühnerfutter einen Platz bekommen. Der auf der „Suburban Ark" angepflanzte Obstgarten liefert neben Äpfeln, Birnen und Pflaumen auch Holz zum Heizen.

Ich hoffe nicht, dass es zu einer Sintflut kommt. Nicht, dass wir uns da falsch verstehen. Aber für den Fall der Fälle möchte ich Sie einladen, auf unsere „Suburban Ark" zu kommen und unsere Welt am Ende des Anthropozäns noch einmal vor dem Aussterben zu retten!

Liebe Grüße
Ton

Naober

Wendorf/Rotterdam, Dienstag, 11. Mai 2004

Lieber J.,

wie geht es dir? Hier ist alles gut. Du hast nach der Identität
der Region Twente gefragt. Das klingt nach einer spannenden Denkaufgabe. Ich schreibe dir ein paar erste Gedanken
dazu: Das Global Village rüttelt das Verhältnis von Stadt
und Land ordentlich durcheinander. Zum ersten Mal in der
Geschichte wohnt mehr als die Hälfte der Weltbevölkerung
in Städten. Aber nicht nur in den Städten sind die Aus-
wirkungen der Globalisierung zu sehen, sondern auch hier
in Twente kann man sie beobachten. Die Frage nach der
Identität, die nicht nur in Twente gestellt wird, könnte sich
aus dieser Perspektive erklären lassen.
Irgendwann einmal war diese Identität sehr viel eindeutiger
zu fassen: regional definiert, geografisch abgegrenzt und kli-
scheemäßig verwurzelt. Die Stadt hat ein Umland mit Dörfern und Höfen, die auf viele Arten miteinander verknüpft
sind. In den Twentser Naoberschaften (Nachbarschaften)

finden Menschen in wechselnden Konstellationen zueinander. Je nach Interesse und Fachkenntnis entstehen immer neue Netzwerke zwischen unterschiedlichen Menschen. Man kann also Mitglied mehrerer Netzwerke beziehungsweise Naoberschaften sein. Früher war die Verbreitung beschränkt, vor allem durch Distanzen und Reisezeiten. Mittlerweile sind die Naober in größeren Verbänden über große Distanzen hinweg miteinander verbunden. Denn die weltweiten Internetverzweigungen und Social-Media-Netzwerke von heute sind als Naoberschaften aufzufassen. Allerdings wird durch sie der regionale Charakter in globaler Gleichförmigkeit aufgelöst.

Dieser allmähliche Prozess verläuft langsam, obwohl er immer schneller zu werden scheint. Ich erinnere mich daran, dass meine Mutter Ende der Siebziger, als wir einen Supermarkt im Dorf bekamen, die Milch nicht mehr im Milchgeschäft an der Ecke kaufte. Im Bauwesen herrschte die Krise, deswegen hatte sie nicht viel Haushaltsgeld. Natürlich (ist es das?) schämte sie sich dafür, also schloss sie ihre Einkaufstasche, wenn wir am Milchladen vorbeiliefen. Im Laden fiel es natürlich (das ist so!) trotzdem auf, auch an seinem Umsatz, denn meine Mutter war nicht die Einzige, die fortan im Supermarkt einkaufte. Schließlich, nach ein paar Jahren, musste der Milchladen schließen und danach wuchs eine ganze Generation heran, die nicht mehr wusste, dass es so etwas je gegeben hatte; genauso, wie ich mit dem Milchladen aufwuchs und im Gegensatz zu meinem Opa nicht wusste, wie es ist, die Milch direkt vom Bauernhof zu holen. Das ist also eine Veränderung innerhalb zweier Generationen.

Der Niedergang des Römischen Reiches vollzog sich noch langsamer, dauerte über mehrere Generationen an. Es war also nicht ein gewonnener Krieg, sondern es waren Generationen, die das Römische Reich niedergehen haben lassen und uns kulturell ins dunkle Mittelalter zurückversetzten.

Die Globalisierung von heute geht viel schneller vonstatten, ein Vergleich mit der Immigration liegt nahe. Leben wir im Endzeitalter der westlichen Hegemonie? Schauen wir aus dem Fenster und sehen, wie unsere Kultur sich langsam verändert? Wenn ja, wäre das schlimm? Viele Aspekte gehören zur Globalisierung und sind eine Bereicherung. Irgendwie muss eine ideale Geschwindigkeit für die Veränderung des Zusammenlebens gefunden werden. Sie wird über mehrere Generationen andauern und läuft, trotz aller schnellen globalen Medien, langsamer, als wir denken.

Superglobales Netzwerk

Ein superglobales Netzwerk neoliberaler Konsumkultur umspannt unsere Welt, in der Metropolen wie New York, Paris, Peking, Tokio oder São Paulo die Superknoten sind. Dort wird die globale Identität bestimmt. Das Netz, das diese Knotenpunkte miteinander verbindet, ist in einer anderen Farbe gesponnen (ich habe ein schottisches Webmuster vor Augen) als die darunterliegenden Netze der regionalen Knotenpunkte. Dort befinden sich zum Beispiel Hengelo oder Enschede. In diesem regionalen Netzwerk werden nun Fragen über Identität gestellt. Aus dem Bewusstsein heraus, dass hier die globale Identität nicht gemacht, sondern nur nachgeäfft wird, entsteht eine Identitätskrise. Es scheint so, als ob das Netzwerk der westlichen Konsumkultur nicht stark genug dafür ist, die ganze Welt zu umspannen – als ob es zu stark gedehnt und auseinandergezogen wird. Auch an älteren Orten (nicht nur in Twente, auch in Liverpool, Dresden und Detroit stellt sich die Identitätsfrage) verschleißt das Netzwerk und die ersten Löcher werden sichtbar. Ich frage mich, um mal in der Analogie zu Modestoffen zu bleiben, ob die Risse und Löcher bewusst geschnitten wurden – wie bei der heutigen Jeansmode. Die folgenschwere Individualisierung in der westlichen Gesellschaft konzentriert sich auf die Knotenpunkte und die wichtigsten Fäden. Zwischen den Maschen des Netzes liegen lose Punkte, die nicht zusammenhängen; Individuen, die scheinbar auf sich allein gestellt sind. Aber auch sie können durch soziale Medien miteinander verbunden werden, oft sogar fester als im Supernetz – weltweite Naoberschaften, in denen Menschen mit den verschiedensten Interessen einander im Internet finden. Es mag wie Zufall oder Willkür erscheinen, aber der Zusammenhang wird sichtbar, wenn zum Beispiel eine Messe zu spezifischen Hobbys Besucher:innen aus der ganzen Welt anzieht.

Aber zurück zu deiner Frage: Was ist zu tun in diesen mit ihrer Identität kämpfenden „Löchern", in denen ein Anflug vergangener Identität danach strebt, globalen Einfluss zu nehmen? Ich denke, es sind mehrere Strategien möglich:

1

So tun, als ob man dazu gehört, ist eine Option, die in noch lebendigen Netzwerkfäden angewendet wird. Neue Unterhaltungszentren, Spielhallen oder Megakinos werden gebaut, vor allem um den Anschluss an das Supernetzwerk zu beweisen, zu zeigen, dass Twente natürlich noch mithält. Da können sich die New Yorker:innen und Pariser:innen sogar noch was abschauen. Dort, wo die Umgebung noch genug Vitalität bietet, an die man anknüpfen kann, gelingt es, die Löcher im Netzwerk zu stopfen. An abgenutzten Orten gelingt das nicht. Dort bietet das umgebende Netzwerk zu wenig Halt, und die erforderlichen Investitionen können nicht erbracht werden.

2

In diesen Gebieten ist Camouflage wahrscheinlich die bessere Option, wie nach dem Zweiten Weltkrieg, als Nylonstrümpfe durch einen Bleistiftstrich ersetzt wurden, der die Naht auf den Waden simulierte. Eine Kulisse aufbauen, hinter der sich die Identitätslosigkeit versteckt, das Errichten von potemkinschen Fassaden, die jedes Jahr neu gestrichen werden, in den neusten Trendfarben. Dazu hinter jeder Aktivität die Vor- oder Nachsilbe Twente: Video-Twente (wo lauter Hollywood-Produktionen ausgeliehen werden können) oder Twente-Paintball.

3

Anschließend, ganz im Sinne der heutigen Modeindustrie, die Strategie der Reinterpretation. Risse und Löcher sind in der heutigen Mode angebracht und verschaffen den Träger:innen Identität. Die verblichenen, ausgefransten oder geflickten Kleidungsstücke sind kein Zeichen von Armut, sondern von Freiheit und Unabhängigkeit! Diese Reinterpretation könnte auch die Frage nach der Identität in ein neues Licht rücken. Wenn diese Löcher im Supernetz diejenigen Orte sind, an denen die modernistische Gesellschaft verschlissen ist, dann sind es vielleicht gerade diese Orte, an denen Unabhängigkeit und Freiheit die neuen Identitätsträgerinnen werden. Einfach die Sicherheitsnadel zücken, eine improvisierte Reparatur!

4

Vielleicht sogar noch interessanter finde ich die Löcher im Netz selbst. Der Hektik und dem Stress des Supernetzwerks wird hier mit Ruhe, Raum und unbefestigten Straßen begegnet. Investitionen sind erst in zweiter Instanz notwendig. Zuerst müssen alle Möglichkeiten erkennbar gemacht, muss das Biotop gehäutet werden. Wie die Natur, die sich an solchen Orten mit ihren Pionierarten sofort einrichtet: Brennnesseln und Birken finden solche Löcher sofort und nisten sich ein. Undichte Regenrinnen, feuchte Holzbalken: Schimmel und Birke ergreifen ihre Chance, sobald die Kultur schwach wird. Auch die Menschenart kennt diese Pionier:innen, die in den Löchern ihre Nische finden. Gemeint sind bestimmt nicht nur Landstreicher:innen und Künstler:innen. Gerade durch die Individualisierung können sich immer mehr Menschen von den Superfäden lösen. Sie springen in die Löcher, in die dünn besiedelten Gebiete, über einen individuellen Faden angebunden an das Supernetz. Menschen, die dem Stress und der Hektik entfliehen, Menschen, in deren Augen Regularien ihre eigene Entfaltung blockieren, Menschen, deren Hobbys im Supernetz nicht gewürdigt werden – oder dort gar unmöglich sind, zum Beispiel Düsenjets sammeln oder ein Krokodil als Haustier halten. Hier werden neue Naoberschaften entstehen, teils aus der Not heraus und teils als bewusste Wahl, zum Beispiel, um informell zu wirtschaften oder der landschaftlichen Bedingungen wegen. Leider könnte die Konsequenz davon auch sein, dass zum Beispiel Neonazis und andere ideologische Extremist:innen hier quasi untergetaucht ihre Strategien verfolgen.

Beter een goede buur dan een verre vriend

Die Naobervernetzung liefert uns langfristig sicher kein eindeutiges Bild einer synchronen Gesellschaft. Entgegengesetzte Interessen, widerstrebende Ansprüche und abweichende Standpunkte verlangen eine demokratische Führung. Die Struktur der Naoberschaften beinhaltet eine Überlappung der Mitgliedschaften und deswegen auch eine Überlappung von Interessen, Chancen und Möglichkeiten. Es ist eine Struktur, in der der demokratische Kompromiss nicht im Voraus Teil der Agenda ist, sondern ein Resultat von Debatten. Demokratie heißt oder hieß *nicht*, dass die Mehrheit gewinnt, sondern eher, dass die Mehrheit sich auch um die Minderheiten kümmert. In unserem Neoliberalismus neigen wir oft dazu, dies zu vergessen. Nicht umsonst hatten die Naoberschaften früher eine:n Sprecher:in, speziell für gute und für schlechte Zeiten.

Liebe Grüße
Ton

Sagenumwobenes vom Land

Sehr geehrter Herr Bürgermeister,

zunächst möchte ich Ihnen ein großes Lob dafür aussprechen, dass Sie sich in diesen Zeiten von Polarisierung und starken Meinungsverschiedenheiten überhaupt für einen Job als Bürgermeister entschieden haben. Danke! Die Probleme, die sich gerade auf Ihrem Tisch befinden, sind bestimmt nicht klein – globaler Klimawandel, explodierende Mietpreise, Platzmangel auf den Straßen, kaputte Toiletten im Kindergarten, ein geldverschlingender Flughafen. Ich werde an dieser Stelle selbstverständlich keine Lösungen für diese Probleme aus dem Ärmel schütteln, aber einige Raum- und Designstrategien möchte ich Ihnen anbieten:
Seit einigen Jahren wohne ich in der Metropolregion Hamburg-Berlin, einem Gebiet das sich über Brandenburg, Vorpommern und Mecklenburg bis zur niederländischen Grenze erstreckt. Gerne möchte ich Sie einladen, einmal vorbeizukommen, wenn sie in der Nähe sind.

Sagenumwoben schön, fabelhaft leer, unvorstellbar nah – und unfassbar vernachlässigt: Es ist mir bewusst, dass dieses Gebiet nicht zur Ihrem Stadt- und Aufgabengebiet gehört, aber genau da liegt der Hase im Pfeffer. Schon 1970 schrieb Jane Jacobs in *The Economy of Cities*, dass die Stadt nicht aus der Landwirtschaft heraus entstanden ist, sondern dass die Stadt das Landleben erst ermöglicht hat. So, wie die Industrialisierung der Landwirtschaft entwickelt wurde, um die Städter:innen zu ernähren, so ist auch die Sehnsucht nach rustikalem Landleben eine eher städtische. Diese wird mehr und mehr auf dem Land gelebt. Die Welle von Großstadtflüchtlingen schwillt an, immer mehr junge Familien ziehen aufs Land und urbanisieren dadurch das Dorf.

Wie in der Stadt fahren heute auch auf dem Land jeden Tag die Paketdienste umher. Die Bewohner:innen nutzen Amazon und kaufen das Gleiche wie die Stadtbewohner:innen. Sie konsumieren das gleiche Supermarktessen, die gleichen Möbel, die gleichen Klamotten und sie gucken dieselben Fernsehsendungen. Dank des Internets haben sich die Stadt-Land-Unterschiede rasant verringert. Wie die Gauß-Kurve zeigt, waren die Unterschiede früher enorm. Städte verzeichnen aufgrund der großen in ihnen lebenden Menschenmassen schon immer eine breitere Diversität. Deswegen muss man dort anonym unterwegs sein, damit man das Zuviel ignorieren und ausblenden kann. Auf dem Land dagegen grüßt man sich noch, wenn man auf dem

Weg zum Supermarkt oder zur Arbeit im Pkw aneinander vorbeifährt.

Einige Unterschiede gibt es also doch, und diese zu nutzen, wäre eine vernünftige Strategie. Wohnungsnot zum Beispiel gibt es hier auf dem Land nicht. Im Gegenteil, es gab und gibt Abertausende von leeren Wohnungen und Häusern. Diese kosten nur einen Bruchteil des Großstadtpreises; ein Quadratmeter Baugrund in Berlin kostet siebenhundert Euro, ein Quadratmeter in Mecklenburg sieben Euro, also hundertmal weniger! Und eine Mietwohnung in Berlin kostet fünfzehn Euro pro Quadratmeter, in Mecklenburg noch nicht mal die Hälfte.

Logisch, dass fast jedes Haus auf dem Land einen Garten hat. Man sieht in Berlin überall die Versuchsecken mit Urban Gardening, Guerilla Gardening, Stadtlandbau, Nachbarschafts- und Schrebergärten. Da gibt es in der Metropolregion bessere Möglichkeiten! Ein Grundstück hat durchschnittlich dreitausend Quadratmeter. Da kann man glückliche Freilandhühner halten, Gemüse anbauen, Holz für den Ofen oder den Grill hacken und vieles mehr. Im Dorf müssen die (alten) Menschen keine Mülleimer durchforsten auf der Suche nach Pfand oder etwas zu Essen. Wer einen Garten hat, muss nicht hungern. Das wusste schon Alexis de Tocqueville im Jahr 1835. In *Journeys to England and Ireland* beschrieb er, dass Arbeitende sich extrem abhängig machen, weil sie lediglich ihre Arbeitskraft verkaufen können. Er forderte, dass jeder Mensch ein Stück Boden besitzen sollte, um unabhängig zu sein. Ein solches Stück Boden wirke wie ein Puffer zwischen den Geldströmen und den Bürger:innen. In den Metropolen ist das Stück Boden heute durch ein Schlafzimmer ersetzt, das über Airbnb vermietet wird – nicht um der Unabhängigkeit, sondern um des reinen Überlebens Willen.

De Tocqueville ist der Auffassung, dass indem man etwas Begehrenswertes in Geld umrechne, sodass es verkäuflich wird, dieses Begehrenswerte an moralischem Wert verliere. Das muss ich Ihnen als Bewohner des Großstadteinkaufsparadieses nicht weiter erklären. Es gibt auf dem Land kaum Läden, keine Flagstores oder spezifischen veganen Patisserien. Es gibt bei mir im Dorf noch nicht einmal einen Zigarettenautomaten. Dafür gibt es manchmal Fleisch direkt vom Jäger (wenn er trifft), Fisch direkt von der Fischerin, Milch direkt vom Bauern, Honig direkt von der Imkerin, Obst und Gemüse aus dem eigenen Garten und Eier von glücklichen Hühnern. Hier geht es nicht unbedingt um Geld, sondern eher um soziale Kapazitäten. Man tauscht Eier gegen Fleisch und gegen Honig.

Apropos vorbeikommen: Klar gibt es kaum öffentliche Verkehrsmittel, denn dafür fehlen nun mal die Passagier:innen. Keine U-Bahn, keine Tram, noch nicht einmal ein Bus wäre finanziell rentabel. Da ist das Auto schon eine sehr sinnvolle urbane Erfindung, die für das Land sehr viel Gutes mit sich gebracht hat. Es ergibt hier auf den Sandwegen sogar Sinn, einen SUV zu fahren – noch so eine Stadterfindung, die das

Landleben erleichtert hat. Die Asphaltstraße muss dafür nicht unbedingt bis in die letzte Ecke ausgebaut sein und auch ein Schlagloch kann der SUV problemlos abfedern; besser also ins Internet investieren statt in den Straßenausbau. Feinstaub und Lärm gibt es auf dem Land zwar auch, das ist allerdings kein Dauerproblem, weil Landwirt:innen ihren Acker nur einige Tage im Jahr eggen, pflügen oder abernten. Und einen krähenden Hahn bezichtigt man auf dem Land keineswegs der Lärmbelästigung. Er ist *rustikal*. Sie sollten wirklich mal vorbeikommen, Herr Regierender Bürgermeister, ich lade Sie herzlich ein. Vielleicht gründen wir eine Datscha-Partnerschaft zwischen Ihrem Rathaus und meiner Werkstatt Wendorf! Letzte Woche habe ich schon mal einen VoloPort in meinen Garten gebaut, als Vorbereitung auf die Mobilitätswende! Sie können gerne mit dem E-Air-Taxi anreisen; die Flugzeit vom Rathaus Berlin beträgt weniger als eine Stunde. Optimalerweise habe ich eine riesige Solaranlage auf dem Dach, Sie können also ihre Drohne mit nachhaltigem Strom wieder aufladen.

Mit freundlichen Grüßen
Prof. Ton Matton

Austritt

Liebe Studierende, liebe Kolleg:innen an der Uni, außerhalb der Uni, in Linz und anderswo, liebes Rektorat, liebe Bürgermeister:innen und Vizebürgermeister:innen, liebe Landeshauptmenschen, liebe Minister:innen, liebe space&designSTRATEGIES-Kamerad:innen,

vor sechs Jahren schrieb ich in meinem Bewerbungsschreiben: „Das energetische Niveau meiner Gastprofessorenzeiten gilt es, im Rahmen dieser Professur zu halten. Nötig wären dafür eine kompromisslose Transdisziplinarität und ein regelmäßiger, von gesellschaftlichen Entwicklungen angeregter Themensprung." Auf meine Linzer Jahre zurückblickend kann ich behaupten, dass mir dies gut gelungen ist. (Obwohl ich befürchte, dass das nicht alle so sehen.)

Mit unserem Auftakt „Dorf machen!" in Gottsbüren (2014/15) haben wir die Ausrichtung der space&designSTRATEGIES ganz klar festgelegt. In unserem Curriculum steht geschrieben: „Das Ziel des Studiums ist klar: ein forschendes, performatives Entwerfen für eine bessere Welt. Dazu soll sich jede/r Studierende eine hohe Flexibilität und Improvisationsfähigkeit in unserer sich vehement verändernden Gesellschaft zu eigen machen."[1] Ich erinnere mich noch gut daran, wie die Student:innen nach einer achtstündigen Zugfahrt im Dorf Gottsbüren ankamen. Ziemlich müde wollten sie sich direkt hinlegen. Als ich die Tür zu der Bruchbude, in der wir in den kommenden Monaten wohnen würden, eingetreten hatte, war die Überraschung eher eine böse. Zunächst war einige Stunden lang Spinnweben entfernen und Marderkot wegputzen angesagt. Wasser und Strom mussten vom Nachbarn geborgt werden. Aber um einundzwanzig Uhr gab es die erste hausgemachte Tomatensuppe! Einige Wochen haben wir das Dorf bespielt, die Einwohner:innen einbezogen und es geschafft, die leeren Häuser mit zahlreichen Projekten zu füllen – mit Kochen und Tanzen, mit Leben. Einige Jahre später waren die leeren Häuser tatsächlich fast alle wieder bewohnt. Wir haben das Phänomen Landflucht nicht stoppen können, aber das Dorf haben wir, laut dem Bürgermeister, durch unser Einmischen auf ein neues Energielevel gebracht.

Mit einer ähnlichen Energie haben wir uns 2015/16 mit „Not Welcome" dem Thema Flucht gewidmet. Mit sehr spannenden und ergreifenden Debatten, mit der Mittwochsmensa der Geflüchteten „Hot Welcome" und einem Achtundvierzig-Stunden-Unterrichtsmarathon, mit dem

wir das Verbot des Rektors, Geflüchtete in den Universitäts-
räumen aufzunehmen, umgingen. Die Geflüchteten sam-
melten sich in großer Zahl im Hauptbahnhof, alle Betten
in der Stadt waren belegt. Es war klar, dass wir uns an dieses
Verbot nicht halten wollten. Acht Geflüchtete achtundvier-
zig Stunden lang zu versorgen, mit ihnen zu sprechen, zu
kochen, zu streiten – das war eine sehr aufwühlende, sehr
emotionale Angelegenheit.

Nicht zu vergessen: unser Versuch, das Geflüchtetenheim
der SOS-Menschenrechte zu renovieren, unsere For-
schungsreise nach Fortaleza (eine vielleicht nicht unge-
fährliche Stadt, jedoch liegt sie in einem Land, in dem
Integration seit Jahrhunderten wirklich gelebt wird) und
die sehr spannende „~~Not~~ Welcome"-Ausstellung im OK
(Linz). Die Zweifel, die Sorgen, die Möglichkeiten und die
Hoffnungen der Fluchtthematik haben wir versucht, in die
Mitte der politischen Debatten zu rücken. Dafür haben
wir Landeshauptmann, Bürgermeister und Rektor hinter
einem originalen Grenzzaun eingesperrt und gemeinsam
mit dem Orchester der Anton Bruckner Privatuniversität
und dem Kammerchor E medio cantus das Gefangenenlied
aus der Oper *Nabucco* gesungen.

2016/17, das Jahr des Umzugs unseres Studiengangs an
den Hauptplatz, brachte die „Wanderuni" hervor. Als wir
nicht den direkten Weg von Urfahr aus über die Brücke ins
Hauptgebäude gehen wollten und wir uns lieber für den
langen Umweg um die Erde entschieden, fing unser Wan-

derzug durch die Berge an. Vom Schneesturm überrascht, wurde es ein nicht ungefährliches Unterfangen. Nach einigen Stunden Wanderung durch einen ordentlichen Schneesturm kamen wir beim Skilift an, der allerdings wegen des starken Schneefalls gesperrt war. Schon ziemlich erschöpft, frierend, nass und mit zu schwerem Gepäck kam eine negative Stimmung auf. Und da stand W. auf. Er hatte als Geflohener schon viele Erfahrung mit Rückschlägen gemacht. „Es gibt Schlimmeres", sagte er, und nahm seinen Rucksack, einen zweiten vorne auf seinen Bauch und eine Mitstreiterin unter den Arm: „Lets go!" Erschöpft und unter Tränen haben wir die nächste Seilbahnstation erreicht, zum Glück alle!

Aus dem Wandern wurde Hausieren, und irgendwann kamen wir – nach einem Zwischenstopp am Theater Freiburg, wo wir an einem Festival in der Weingartensiedlung mitwirkten – in Köln an und bespielten für das Schauspiel Köln ein Festivalgelände unter der Mülheimer Brücke, waren Teil des Festivals der Regionen in Marchtrenk, reisten nach Ghana und besuchten zum ersten Mal das Dorf Totope. Totope hat uns beeindruckt. Jahr für Jahr verschlingt der Ozean dieses Dorf an der Küste Westafrikas ein Stückchen mehr: Sechs Meter pro Jahr, wie wir in Zusammenarbeit mit den Wasserbauingenieur:innen der TU Delft herausfanden.

Bei unserem zweiten Besuch in Totope, im „BayWatch"-Jahr 2017/18, haben wir im Rahmen einer Ausstellung versucht, die Gefahren für das Dorf darzustellen. Es war wahnsinnig spannend, vor Ort eine Ausstellung zu machen, aber tatsächlich auch schwierig. Der „kulturelle Schock" mit gesellschaftlichen Unterschieden wie persönlichen Ähnlichkeiten beschäftigt uns genauso wie der Klimawandel. Wir übten, wie The Hoff in Zeitlupe den Strand entlangzurennen, um die Welt zu retten. In Zeitlupe, weil uns klar wurde: Wollten wir die Welt retten, müssten wir dann nicht schneller sein?! Wir haben uns mit Poldern auseinandergesetzt. Die Floating University Berlin und auch alle anderen Nicht-Holländer:innen haben bereits kapiert, dass ein Polder wie ein leckendes Schiff ständig leergepumpt werden muss. Unsere Jahresausstellung, in der wir eine Installation mit Sandsäcken unter dem Dach des Lentos Kunstmuseum Linz zeigten, wurde von der Energie unseres ghanaischen Abenteuers mitgetragen. Wir konnten dem Bürgermeister, dem Landeshauptmann, dem Rektor und zahlreichen Besucher:innen in einem Regenschauer mit Lentos-hinter-einem-Reisdeich-Suppe (danke, P.) und einem Running-Sushi-Sektempfang vom Klimawandel und dem Meeresspiegelanstieg erzählen.

„Less is Less – More is More": Im Zuge unserer Auseinandersetzung mit Design-Klischees wurden wir 2018/19 in das Kunstgewerbemuseum in Berlin eingeladen. Hier entdeckten wir, wo unsere Freiheiten liegen, was unser Improvisationstalent ausmacht. Aber auch, dass man Improvisation üben und sein Fach beherrschen muss. Eine

Architektin baut ein Haus, das stehen soll. Ein Designer kreiert ein Produkt, das funktionieren soll. Aber wir, die space&design-Strateg:innen, dürfen Dinge entwickeln, die einstürzen, die nicht komfortabel oder nutzbar sind; nicht um Menschen in Gefahr zu bringen, sondern um sie in einen Improvisationsmodus zu bringen. Das Beheben eines Problems wird zur Grundhaltung in einem improvisierten Urbanismus – Improvisation im Modus 2, wie Christopher Dell es genannt hat. Dazu muss man, wie in der Musik, sein Instrument beherrschen. Nur so kann man die Regel, die Partitur, verlassen und Freiheit im Handeln finden. Wir beherrschten unser Instrument allerdings nicht gut genug. Und für die Punk-Variante von Improvisation, „Scheiß drauf, wir machen das" hatten wir leider nicht genug Energie. Das Grande Finale im Kunstgewerbemuseum wurde für das Museum eher zu einem Fiasko mit einem langwierigen Podiumsgespräch, einer schlechten Performance und einem sehr späten Nudelessen al dente. Für uns Menschen von der Uni, für die Scheitern genauso lehrreich ist wie Erfolg, war es eine sehr schöne Auseinandersetzung.

Vor sieben Jahren, bei meiner Inauguration, habe ich gesagt: „Wenn es nicht das Ziel wäre, eine bessere Welt da draußen zu schaffen, gäbe es keinen Grund, an einer Uni zu studieren oder zu arbeiten." Denn wenn man kein Problem mit der Außenwelt hat, geht man besser dorthin und schließt sich an; findet einen Job, verdient Geld, kauft Sachen, kauft noch mehr Sachen, gründet eine Familie, kauft ein Haus, bekommt Kinder, kauft ein größeres Haus, kauft noch viel mehr Sachen und zahlt vierzig Jahre lang seine Hypothek an die Bank zurück.

Und das, liebe Studierende, liebe Kolleg:innen, ist der Grund, warum ich so von den space&designSTRATEGIES angetan bin. Ich habe den Ort gefunden, an dem ich an der Außenwelt zweifeln darf, grundsätzlich zweifeln darf und, um mit Robert Musil in *Der Mann ohne Eigenschaften* zu sprechen, an dem die mögliche Welt genauso viel Wert ist wie die wirkliche Welt.

> *Wenn es [...] Wirklichkeitssinn gibt, und niemand wird bezweifeln, dass er seine Daseinsberechtigung hat, dann muss es auch etwas geben, das man Möglichkeitssinn nennen kann. [...] So ließe sich der Möglichkeitssinn geradezu als die Fähigkeit definieren, alles, was ebensogut sein könnte, zu denken und das, was ist, nicht wichtiger zu nehmen als das, was nicht ist.[2]*

Das Jahresthema 2019/20 „Straße" gingen wir wie immer an: Im Wintersemester haben wir geforscht, im Sommersemester sollte dann die Umsetzung mit einem Event oder einer Ausstellung folgen. Da haute uns Corona um. Im Nachhinein hätten wir vorbereitet sein können, wurden doch unsere chinesischen Kolleg:innen – mit denen wir im Dezember noch die Shenzhen-Biennale bespielten und ein sehr kaltes chinesisches Dorf erforschten – schon im Januar downgelockt. Also: nix Straße, stattdessen Zoom.

Die Diskussionen waren schwierig, aber trotzdem energetisch, wir gaben uns alle Mühe. Unser Outdoor-Klassenraum funktionierte einigermaßen. Aber meine Ansicht – lieber sicher vor Viren zusammen draußen im Regen und in der Kälte als alleine vor der Zentralheizung im Studierendenzimmer – wurde nicht von allen geteilt. Der Aufwand schien zu nerven und das Rektorat befürchtete, dass Student:innen erkranken könnten. Allerdings ist das genau diese Arbeitsweise, die ich in all den Jahren vertrat: das Zweifeln an und die Auseinandersetzung mit Regeln, mit Komfort, mit Selbstverständlichkeiten, die uns zu Gefangenen unserer eigenen Gesellschaft machen.

Weil es sich sowieso herumspricht, nenne ich auch kurz den Grund für meinen Austritt. Noch vor dem Corona-Debakel habe ich die Rektorin um die Entfristung meiner Stelle gebeten. Ich weiß, ich bin niemand, den man sich als klassischen Angestellten vorstellt, aber die Uni Linz gefiel mir: ein gutes Team, ehrgeizige Student:innen, die Arbeit machte Spaß. Da wurde ich vom Rektorat mit anonymen Beschwerden von einer Handvoll Student:innen konfrontiert. In einem zweiten Gespräch habe ich um unabhängige Unterstützung gebeten, weil die Beschwerden mir einen Tick zu viel waren. Dies wurde leider abgelehnt. Hat nicht Hannah Arendt irgendwo einmal geschrieben: Wo das Gespräch aufhöre, ende der Respekt, ende die Menschlichkeit und beginne die Gewalt? Ich bin kein Anhänger von Schiedsgerichten, auch nicht der Typ, der grollt, aber natürlich tut es weh, die Kunstuniversität in einer Zeit zu verlassen, in der gerade so viele neue Student:innen auf die space&designSTRATEGIES aufmerksam geworden sind. Student:innen, die meine Arbeit verstehen und schätzen, die genau auf diese Art und Weise Einfluss auf unsere Gesellschaft nehmen, mit ihrer Arbeit etwas in der Welt bewirken wollen!

Dazu kommt, dass sich die Kunstauffassung an der Kunstuniversität Linz mehr und mehr von meiner unterscheidet. Galerien, Museen oder Biennalen werden als Orte der Kunst angesehen, während ich eher das Engagement in der Gesellschaft suche, mit Aktionismus, mit Kunst als Mittel des Aufbrechens, des Auseinandersetzens, des Zweifelns, des Protests. Es ist nicht unsere Aufgabe, eine Lösung für ein Problem zu finden, sondern das Problem selbst neu zu definieren, zu hinterfragen.

Martin Luce schrieb einmal, dass meine stärksten Projekte diejenigen seien, in denen ich durch die Veränderung des Blickwinkels auf eine Situation auch die Art und Weise verändere, wie man auf diese Situation blicke, und dass man dies als Entwurf bezeichnen müsse. Das Geschäft scheint wichtiger zu werden als der Inhalt, die wirtschaftlichen und juristischen Aspekte übernehmen die künstlerische Freiheit … im schlimmsten Fall vielleicht sogar die Intelligenz.

Mein letztes Jahr, 2020/21, sollte mein bestes werden. Die Aussichten waren gut, noch einmal ein Dorfprojekt angehen, in Tribsees diesmal. Natürlich kam es, wie es kommen musste: Es wurde nicht das beste Jahr, eher das schlechteste. Zoom wurde immer zäher, der Meeting-Verlassen-Knopf immer deprimierender.

Aber die letzten Wochen haben vieles wieder gut gemacht. Wir haben eines der siebenundsechzig leeren Häuser aus Tribsees nach Linz umgesiedelt. Allen Student:innen, die nicht in der Lage waren, nach Tribsees zu fahren, haben wir damit ein Stück Tribseeser Atmosphäre gebracht, sodass sie ihre Semesterarbeiten zeichnen konnten. Und mit den Student:innen, die es nach Tribsees geschafft haben, haben wir gezeigt, wie man eine Stadt sozial wiederbelebt. Die Probleme des Leerstands haben wir mit den Möglichkeiten der Zukunft überlagert, zwei Wochen lang einen performativen Urbanismus gelebt. Fünfzehn Student:innen voller Energie – sie ihre Projekte bauen zu sehen, war sehr ermunternd. Das gab nicht nur uns endlich wieder ein Gefühl von Normalität, sondern auch den Tribseeser Einwohner:innen. Es wurde wieder gebaut, statt abgerissen. Wir haben zum Beispiel das „Fünf-Sterne-DIY-Hotel" in einer Bruchbude eröffnet, haben einige Hotelzimmer eingerichtet. Der erste Stern wurde fürs Selbstmachen vergeben: Die Zimmer waren mit Second-Hand-Möbeln hergerichtet, die die Gäst:innen selbst reintragen konnten. Den zweiten Stern erhielt unser Hotel für die Energieersparnis: Es gab keinen Strom. Ein Stern für die Wasser-ersparnis: Es gab auch kein Wasser, nur in jedem Zimmer eine Kanne und eine Schüssel. Den vierten Stern hat es für den Wellnessbereich mit siebzehn Duschen am Ufer der Trebel erhalten, unter denen man sich mit von der Sonne aufgewärmtem Flusswasser aus Plastiksäcken waschen konnte. Und den fünften Stern gab es dafür, dass das DIY-Hotel fast kohlendioxidneutral war – nur fast, denn wir haben immerhin geatmet!

Als ich das erste Dorfprojekt auf diese Art und Weise anging und beim Ministerium Fördermittel dafür bean-tragte, kam die Antwort: „Was soll dieser Quatsch? Leere Häuser besetzen und bespielen? Das hat mit Stadtplanung überhaupt nichts zu tun." Jetzt, bei der Eröffnung in Trib-sees, hielt der Minister eine Rede und erklärte, dass Städte auch selbst einmal ein herrenloses Haus oder ein quasi herrenloses Haus besetzten sollten, es aufbrechen und nut-zen sollten. Meldet sich daraufhin ein:e Eigentümer:in, dann ist immerhin ein Kontakt hergestellt. Kommt keine Reaktion, ist das Haus belebt und steht nicht einfach nur herum, bis es einstürzt.

Seitdem ich die Student:innen lehre, immer an unserer Welt zu zweifeln, ermutige ich sie auch dazu, das System Universität zu hinterfragen. Vielleicht erscheine ich naiv, aber ich weiß, wie das System funktioniert. Mir ist bewusst, dass das Maximum, das ich erreichen kann, Absolvent:in-nen sind, die ihr Arbeitsleben mit der Ambition beginnen, die Welt zu verändern. Am ersten Montagmorgen, spätestens nach der Kaffeepause, werden ihre Chef:innen ihnen den Wind aus den Segeln nehmen. Stop that crap, run the business as usal. Sie sollen Gewinn machen, damit sie ein Haus kaufen, eine Krankenversicherung abschließen können. Sie sollen den Gewinn maximieren, Wege finden, Steuern zu hinterziehen.

Auf der space&designSTRATEGIES-Website steht geschrieben, dass wir für die Arbeitslosigkeit ausbilden. In einem Biotop, das nicht völlig vom neoliberalen Kapitalismus durchwachsen ist, findet man noch einige Künstler:innen neben den Obdachlosen.

Ich werde in den kommenden Jahren meinen rastlosen kulturellen Aktivismus, die permanente Übertreibung, beirrende Ironie und gelebte Intervention weiterleben. Unter besseren Bedingungen werde ich meine Heterotopie in Wendorf gestalten und mich mit der Welt auseinandersetzen, mit einem gewissen Risiko der Obdachlosigkeit. Die dritte Reise nach Totope, um dort ein Hotel zu bauen, steht noch auf meiner To-do-Liste, wie auch die Zugfahrt mit meinem eigenen Academy-Zug durch Sibirien nach China. Wer mitkommen möchte, sagt Bescheid! Ich hoffe, den Ablass-Wald, den wir am Hauptplatz am Tag der offenen Tür pflanzen wollten, setzt ihr noch, damit ich auch diese Reisen mit gutem Gewissen und Kohlendioxidausgleich antreten kann.

Zum Schluss würde es mich freuen, wenn ihr mir einen Brief schreibt, mit Komplimenten oder Beschwerden, mit Anekdoten und Erfahrungen, die ihr mit space&design-STRATEGIES verbindet.

Ich wünsche euch alles Gute!

Liebe Grüße
Ton

Anmerkungen

1

https://strategies.ufg.at/curriculum/ (letzter Zugriff: 22.09.2021)

2

Robert Musil, *Der Mann ohne Eigenschaften*. Band 1. Erstes und Zweites Buch [1930], Hamburg 2014, S. 16

Danke

Zunächst einmal geht mein herzlicher Dank an alle in meinen Briefen Adressierten, die dafür gesorgt haben, dass ich überhaupt die Notwendigkeit sah, mich schriftlich an sie zu wenden. Und auch an diejenigen, die mich aufbrachten, wodurch das notwendige Adrenalin freigesetzt wurde, das mich zum Schreiben dieser Briefe antrieb.

Dieses Buch umfasst eine kleine Auswahl an Briefen aus dem letzten Jahrzehnt. Sie schneiden eine Reihe von Themen an, die auch heute noch aktuell sind. Einige Briefe sind deswegen leicht überbearbeitet, verallgemeinert und aktualisiert, alle sind anonymisiert.

Es war nicht immer einfach, die richtigen Worte für die Übersetzung zu finden – manchmal steckt dann doch eine sehr niederländische Herangehensweise in den ursprünglichen Texten. Nichtsdestotrotz macht es mich stolz, diese Auswahl zu veröffentlichen und dreizehn Briefe in deutscher Übersetzung zu lesen.

Ich möchte Heleen Matton herzlich für die erste Übersetzungskorrektur danken und auch Theresa Hartherz, die als Lektorin die schwierige Aufgabe hatte, eine gewisse niederländische Atmosphäre aufrechtzuerhalten und trotzdem ein Buch daraus zu machen, das auch in deutscher Sprache verständlich und lesbar ist. Ich denke, die beiden haben eine Meisterleistung vollbracht.

Herzlichen Dank
Ton Matton

Gedruckt mit Unterstützung der Stadt Linz

© 2022 by jovis Verlag GmbH
Das Copyright für die Texte liegt bei den Autoren.

Übersetzung: Ton Matton
Lektorat: Theresa Hartherz, jovis Verlag
Gestaltung und Satz: Susanne Rösler, jovis Verlag
Gedruckt in der Europäischen Union

Bibliografische Information der Deutschen Nationalbibliothek:
Die Deutsche Nationalbibliothek verzeichnet diese Publikation in
der Deutschen Nationalbibliografie; detaillierte bibliografische Daten
sind im Internet über http://dnb.d-nb.de abrufbar.

jovis Verlag GmbH
Lützowstraße 33
10785 Berlin

www.jovis.de

jovis-Bücher sind weltweit im ausgewählten Buchhandel erhältlich.
Informationen zu unserem internationalen Vertrieb erhalten Sie von
Ihren Buchhändler:innen oder unter www.jovis.de.

ISBN 978-3-86859-674-8 (Softcover)
ISBN 978-3-86859-946-6 (PDF)